李土军 主编

汽车电路识读
入门全图解

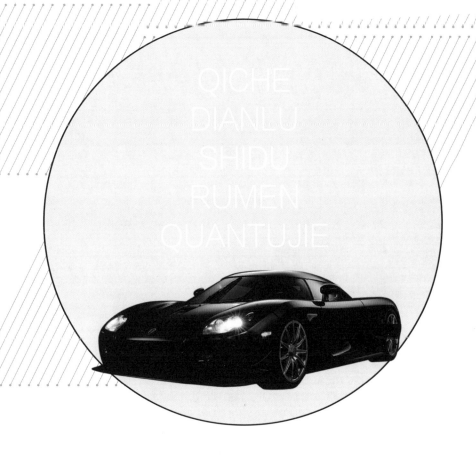

QICHE
DIANLU
SHIDU
RUMEN
QUANTUJIE

化学工业出版社
·北 京·

图书在版编目（CIP）数据

汽车电路识读入门全图解 / 李土军主编 . —北京：化学
工业出版社，2018.4
ISBN 978-7-122-31691-2

Ⅰ．①汽…　Ⅱ．①李…　Ⅲ．①汽车 - 电气设备 - 电路
图 - 识图 - 图解　Ⅳ．①U463.620.2-64

中国版本图书馆 CIP 数据核字（2018）第 045121 号

责任编辑：周　红　　　　　　　　　文字编辑：张燕文
责任校对：边　涛　　　　　　　　　装帧设计：尹琳琳

出版发行：化学工业出版社（北京市东城区青年湖南街 13 号　邮政编码 100011）
印　　装：北京瑞禾彩色印刷有限公司
787mm×1092mm　1/16　印张 13　字数 350 千字　2018 年 7 月北京第 1 版第 1 次印刷

购书咨询：010-64518888（传真：010-64519686）　售后服务：010-64518899
网　　址：http://www.cip.com.cn
凡购买本书，如有缺损质量问题，本社销售中心负责调换。

定　　价：68.00 元

前言

汽车电路是汽车电气系统的神经脉络，是汽车电器正常工作的关键。近十年来，随着汽车电子电气工业技术的迅猛发展，汽车上的电器装备越来越多，汽车电路变得复杂多样。另外，车型更新的速度也在加快，厂家不断推陈出新，这就增加了汽车维修人员对汽车电器电路认知与维修的难度。为了满足广大汽车使用人员和维修工对汽车电路的了解和修理需求，特编写了此书。

全书一共分为三章：第一章作为了解汽车电路的开端，讲述了汽车电路基础知识，汽车电路中的常见电气元件，汽车电气系统的组成、类型与缺点，汽车电路故障的检修方法；第二章以实际车型作为小例，讲述了汽车各电气系统的组成、工作原理及系统电路的识读方法；第三章讲解了各大车系汽车电路图的识读方法，包括各车系电路的电路符号说明、导线颜色代码、电路识读方法及实际车型的电路识读示例等，内容全面准确，示例真实易懂。

本书图文并茂，电路图丰富，内容系统且通俗易懂。在介绍汽车电路知识的基础上，以实际汽车电路作为识图示例，对汽车各电气分系统电路，及常见车系汽车电路进行了更深层次的讲解，使读者对汽车电路的工作原理更加了解，并能在实际维修工作中读懂相关车型的汽车电路图，具有很强的实用性，特别适合汽车维修技术人员以及广大职业学校汽车专业的师生使用。

本书由李土军主编，参加本书编写工作的还有谢青山、张旭建、黄永平、黄雄强、刘林、王培、钟有锦、欧阳起欣、肖华、邹忠发、李春、王成生、何英、李龙梅、皮军、吴林华、范兴武、杨炉华、魏善君、肖志锋、黄忠建、李元。

由于本书涉及内容较广，加之编者水平有限，书中难免有不妥之处，敬请广大读者批评指正。

编者

001

第一章

了解汽车
电路

目录

第二章 汽车电气系统电路识读

039

第三章

**汽车电路
识图实践**

135

第一章

了解汽车电路

CHAPTER 1

第一节 汽车电路基础

一 电的基本理论

所有的物质都由原子组成，原子又由原子核和电子组成。金属原子中含有自由电子，金属原子内自由电子的流动即产生电流。因此，电路内的电流只不过是电子在导体中运动。

如图1-1所示，在金属（导体）两端施加电压时，电子便从负极流向正极。电子流向与电流方向相反。电压、电流、电阻是电的三大要素，电压是电子流过导体（电路）形成电流的动力，而电阻就是电子移动过程中遇到的阻力。要说明的是，只有在封闭的电气回路中才能形成电流。

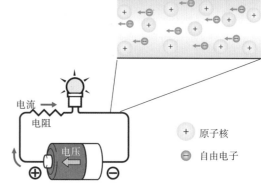

图 1-1 电的三大要素

1 电压

电压是指电路中两点之间的电位差，电压是使电子流过一个导体的压力（电动势）。可以将电压与水塔中所形成的水压进行比较，来说明这个原理。水塔顶部（相当于12V）与底部或地面（相当于0V）之间的势差导致形成水压，水的流动是因为有水压（水位差）。如图1-2所示，水由高水位向低水位流动。在电路中，由于有电压（电位差）的存

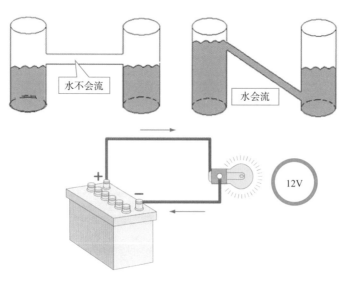

图 1-2 电压与水压的关系

在，电流就会从高电位点流向低电位点，两点间就好像有一种力量存在，这种力称为电压。

1V的电压为通过1Ω的电阻产生1A的电流所需的电位差。

电压分为直流电压和交流电压。如果电压的大小和方向都不随时间变化，则称为稳恒电压或恒定电压，简称直流电压，用大写字母U表示。如果电压的大小和方向随时间周期性变化，则称为交流电压。

电压的方向规定为从高电位指向低电位。电压的单位为伏特（V），常用的单位还有千伏（kV）、毫伏（mV）。它们之间的关系是1kV=1000V，1V=1000mV。

2 电流

单位时间内通过导体任一横截面的电量称为电流强度，简称电流。以安培（A）来计量电流，1A表示有6.28×10^{18}个电子在1s内流过导体。

以水塔为例，可以将电流与从水塔流到水龙头的水流进行比较。电压是正极端子与负极端子之间的电势差。那么，水从水塔到地面的实际流动就类似于电流的流动。只有在电压的作用下才会产生电流。

电流方向　关于电流方向有两种说法，科学研究发现电子的负电荷从负极流向正极，所以说电流方向是从负到正的，这是现代电子学说；为了便于对电的研究利用，习惯上（传统理论）认为电流的方向是正电荷从正极流向负极，所以人们仍然说电流从正流向负。

汽车中所有电力电气图和原理图都使用传统理论来标明电流的方向。

3 电阻

物质对电流的阻碍作用称为该物质的电阻。电阻小的物质称为电导体，简称导体。电阻大的物质称为电绝缘体，简称绝缘体。

导体的电阻越大，表示导体对电流的阻碍作用越大。不同的导体，一般具有不同的电阻。电阻元件是对电流呈现阻碍作用的耗能元件。

并非所有的电阻都是一种负面的影响。在普通的照明电路中，灯泡本身就是利用电阻原理来发光的。灯丝的阻力限制电流的流动，进而使发光点升温，发光。一个电路中的无用电阻会消耗电流，使负荷增加，从而导致设备的不良运行或停止运转。

一个电路中的电阻越大，电流就越小。如图1-3所示，电阻就像水管中的缩颈一样。影响电阻的三个因素是温度以及导线的长度和直径。

导体的电阻通常用字母R表示，电阻的单位是欧姆（Ω），1Ω=1V/A。比较大的单位有千欧（kΩ）、兆欧（MΩ）。

它们之间的关系是1MΩ=1000kΩ，1kΩ=1000Ω。

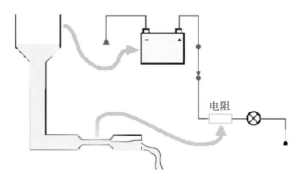

图 1-3　电阻与水管中阻力的比较

④ 欧姆定律

前面讲了电的三要素，即电流、电压、电阻，它们之间有着某种特定的关系，这种关系就是欧姆定律。在同一电路中，导体中的电流与导体两端的电压成正比，与导体的电阻成反比，这就是欧姆定律。

电压、电流和电阻之间的关系可以用图1-4的水流来说明。

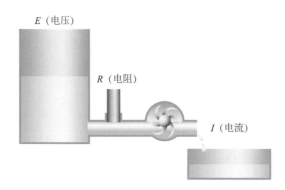

图 1-4　电压、电流和电阻之间的关系

如图1-5所示，增加水箱中水的容量（水压）可增加水轮的速度。减小闸门的开度阻止水流，便减慢水轮的速度。因此，调节水压及闸门开度便可以将水轮控制在设定的速度运行。

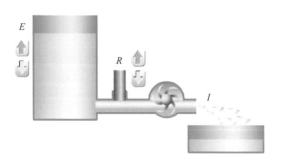

图 1-5　调节水流（电流）的方法

同样，在电路中，改变电阻及电压，可以对电路中各设备分配不同的做功量。

电流与所施加的电压成正比，而与一个基本电路中的电阻成反比。使用以下公式，可以描述欧姆定律，以说明电压（E表示电动势）、电流（I表示电流强度）和电阻（R）之间的关系。

$$E = IR$$

式中　E——电压，V；

　　　R——电阻，Ω；

　　　I——电流，A。

利用图1-6所示的欧姆定律环图是记忆欧姆定律的一种简易方法。水平线表示"除"，垂直线表示"乘"，遮住所要确定数值的字母。

例如，要确定：电阻，遮住R，所得到的公式为E/I；电压，遮住E。所得到的公式为IR；电流，遮住I，所得到的公式为E/R。

图1-6　欧姆定律环图

二　电路的组成

电路就是电流所流经的路径。一辆车包含上千个单独的电路，其中某些电路非常复杂，但其工作原理都是相同的。若要构成一个完整的电路，就必须有电源、导体、负载和地线。绝大多数的汽车电路均包括：电源（蓄电池或发电机）；导体（导线或电缆）；接地通路（车底盘与蓄电池接地电缆）；负载（灯泡或电动机）；保护装置（熔丝或断路器）；控制装置（开关或继电器）。

无论电路构成组件的数量有多少，或其位置如何，电流总是在一个完整回路中流动。在汽车电路中，电流从电源出发经负载后回到地线。图1-7显示了一个标准汽车电路的电流通路。

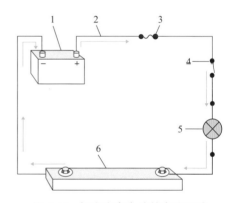

图1-7　标准汽车电路的电流通路

1—电源；2—导体；3—熔丝；4—开关；5—负载；6—底盘地线

三　电路基本连接方法

1　串联

串联就是将所有的负载（电阻）连接成一个通路，如图1-8所示。它的特点是各负载中通过的电流相等。串联电路的总电阻等于各电阻之和。在电源串联电路中，电源总电压等于各蓄电池电压之和。在柴油车的电源供应上，通常用两个12V蓄电池串联得到24V电压。

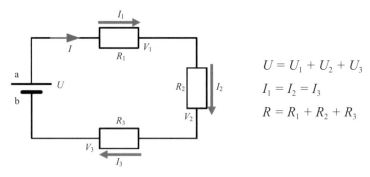

$$U = U_1 + U_2 + U_3$$
$$I_1 = I_2 = I_3$$
$$R = R_1 + R_2 + R_3$$

图 1-8　串联电路示意图

在串联电路中，只有一条路径供电流通过。电流通过各负荷后经接地回到蓄电池。由于串联电路中只有一条电流通路，电路中任何一处断开都会使电流中断。

一个完整电路中的组件或负载必须消耗一定量的电压才能工作。电压降意为当其经过负载时而消耗掉的电压。只有在电流流动的情况下，才会出现电压降。如图1-9所示，在一个简单的灯泡电路上，电压经过灯泡出现压降，而使灯泡发光。如果还串联着其他负载或灯泡，则经过每个负载装置的电压降会成正比下降。

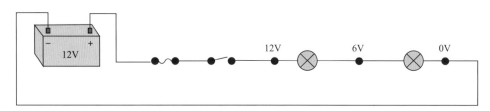

图 1-9　串联电路的电压降

2　并联

将几个负载的一端和另一端分别与电源相连组成的电路，称为并联电路。如图1-10所示，并联电路是具有多个电流流动通路的电路。在并联电路中，总电阻R低于最小电阻支路的电阻。

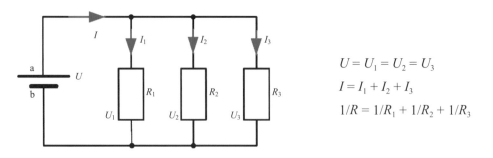

$$U = U_1 = U_2 = U_3$$
$$I = I_1 + I_2 + I_3$$
$$1/R = 1/R_1 + 1/R_2 + 1/R_3$$

图 1-10　并联电路示意图

如图1-11所示，在并联电路中，每个支路都具有电源电压。增加支路不会降低工作电压。换言之，并联电路的每个支路均相当于一个独立的串联电路。

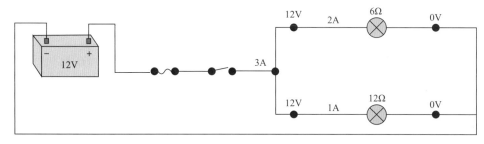

图 1-11　并联电路的电压、电流

绝大多数汽车电路为并联电路。并联电路的一大优点是：如果其中一个负载或支路出现较大的电阻，则其他支路仍然会正常工作。

在并联电路中，增加更多的支路将增加总电流量，因为有多条通路供电流流过。并联电路的这个特性说明了为什么安装非原厂的装置会导致出现问题。不适当地将这些装置（大功率音响设备、报警器）等接入现有电路将会导致增加电流量，以致熔丝熔断。

四　电的三大效应

汽车上安装有很多电器，这些电器提供各种功能。电器根据使用目的，将电能转化为其他功。电流通过汽车电器时，产生某种或多种电效应以满足使用需求，这些效应包括热效应、光效应、磁效应。

1　热效应

当电流通过电阻时，电流做功而消耗电能，产生了热量，这种现象称为电流的热效应。实践证明，电流通过导体所产生的热量和电流的平方、导体本身的电阻以及电流通过的时间成正比，用公式表示如下：

$$Q = I^2 Rt$$

式中　I——通过导体的电流，A；

　　　R——导体的电阻，Ω；

　　　t——电流通过导体的时间，s；

　　　Q——电流在电阻上产生的热量，J。

利用电流的热效应可以为人类的生产和生活服务，如电流通过灯泡时，灯丝就要发热发光，汽车进气预热、后视镜加热（图1-12）、电动座椅加热、后风窗加热等就是利用了这种效应。

图 1-12　后视镜加热示意图

2　光效应

当电流经过电阻或光电部件时，电阻或光电部件会发光，这就是电的光效应。光效应在汽车电器中的应用广泛，如汽车前大灯（图1-13）、内部照明灯、转向信号灯、二极管指示灯等。

当电流流过灯泡电阻丝时，灯泡会发光。如果无灯光，汽车将无法在夜间行驶。

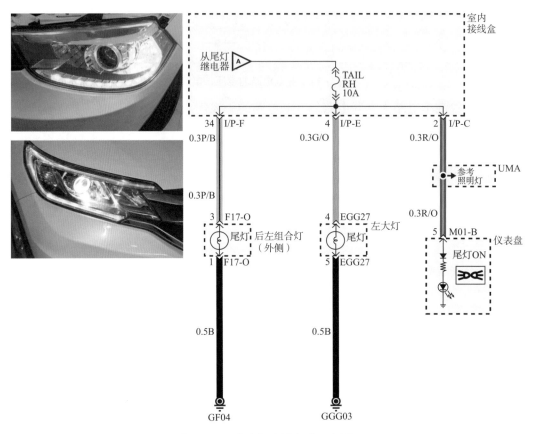

图 1-13　汽车灯光及电路示意图

3 ▶ 磁效应

当电流经过导体或线圈时，导体或线圈周围空间会产生电磁场。

如图1-14所示，把通有电流的导线置于指南针（磁针）上方，当导线与指南针近于平行时，指南针就会运动。这是因为任何通过电流的导体其周边都是一个磁场，通电导线周围产生的磁力线对指南针产生了作用。把这种作用称为电流的磁效应。

汽车上的喇叭、继电器、点火线圈、起动机、喷油器及各种电磁阀等就是利用了电流的磁效应。

继电器和电磁阀是电流磁效应的典型应用。图1-15所示为继电器工作原理，一个较小的电流流过绕在铁芯上的电磁线圈，产生电磁吸力使电路触点闭合。然后，接触点便可能接通大电流到用电器（负载），即以小电流控制大电流。

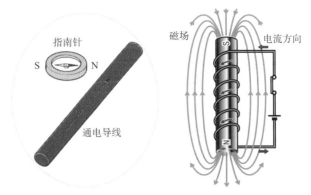

图 1-14 电流的磁效应

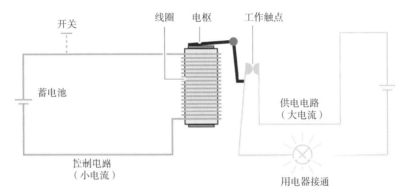

图 1-15 继电器工作原理

五 电产生的基本原理

1 电磁感应

如图 1-16 所示，当导体或线圈在磁场中运动，切割磁力线时，导体或线圈内就会产生电压。磁场强度改变时，导体或线圈内也会产生电压。该过程称为电磁感应，产生的电压称为感应电压。

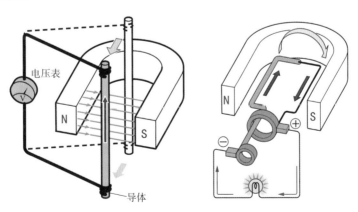

图 1-16 电磁感应产生感应电压

感应电压的大小取决于磁场强度、导体或线圈在磁场中的移动速度、线圈的圈数。

在汽车的电气系统中，这个原理用于电磁感应式传感器、点火线圈和发电机等。在交流发电机中，磁体在静止导体内旋转，这样磁力线就穿过导体。被称为定子的静止导体中就会产生感应电压，旋转的磁体称为转子。

2 ▶ 自感效应

线圈因本身电流变化而引起的电磁感应现象称为自感。当线圈（或线圈绕组）中的电流发生变化时，由于磁场的变化，通过线圈自身的磁通量也随之变化，于是线圈自身便出现感应电动势，称为自感电动势。

如图 1-17（a）所示，当开关闭合或打开时，线圈的磁力线会有所改变。如图 1-17（b）所示，磁铁作进、出线圈运动，也能产生磁力线的变化。运动磁铁可以产生电动势，这种电动势的产生无需考虑线圈有无电流流过。由于线圈的电流流动或停止引起磁通量的变化，而磁通量的变化又在该线圈中产生一个电动势。

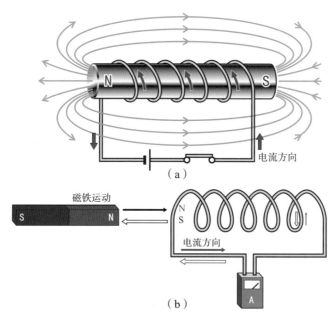

图 1-17　自感效应示意图

3 ▶ 互感效应

两个线圈如图 1-18 所示排列，当通过一个线圈（初级线圈）的电流改变时，那么在另一个线圈（次级线圈）会产生感应电动势，在方向上它阻止第一个线圈的磁通的变化。这种现象称为互感效应。

当其中一个线圈有断续的电流通过时，铁芯中的磁力线就会随着电流的通、断而产生或消失。但变化的磁力线同样穿过另一个线圈，于是穿过次级线圈的磁通量不断变化。根据电磁感应原理，次级线圈上会产生感应电动势。

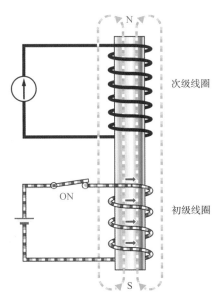

图 1-18 互感效应示意图

在发生互感现象的过程中，把通有电流的线圈称为初级线圈，因互感作用产生感应电压的线圈称为次级线圈。次级线圈与初级线圈匝数之比越大，当初级线圈通过电流时，次级线圈上的感应电压就越高。如图 1-19 所示，汽车发动机上的点火线圈就是利用这一原理制成的，发动机的点火系统控制初级线圈充电与断开，在次级线圈上感应出很高的点火电压，达到上万伏。虽然初级线圈的充电电压只有 12V，但次级线圈与初级线圈的匝数比很大，因此能产生点火高压。

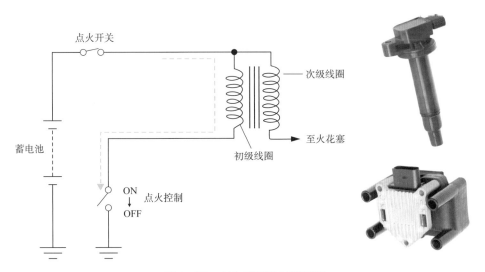

图 1-19 点火线圈及电路原理

第二节 汽车电路中的常见电气元件

一 蓄电池

蓄电池（图1-20）是一种可逆的低压直流电源，它既能将化学能转变为电能，又能将电能转变为化学能。用于汽车上的蓄电池必须能满足发动机启动时的供电需求，即在短时间（5～10s）内供给起动机强大的电流。蓄电池在汽车上与发电机并联供电。

图1-20 发动机舱内的蓄电池

1 蓄电池的作用

①启动发动机时，蓄电池给起动机提供强大的启动电流，同时给点火系统、仪表系统等用电设备供电。

②发电机电压较低或不发电时，如发动机低速运转或停转时，蓄电池向用电设备供电。

③发动机正常运转，发电机的端电压高于蓄电池的电动势时，对蓄电池进行充电，将发电机剩余电能转换为化学能储存起来。

④发电机过载时，蓄电池能协助发电机向用电设备供电。

⑤蓄电池还相当于一只大容量电容器，不仅能保持汽车电器电压稳定，而且能吸收电路中出现的瞬时过电压，保护电子元器件。

2 蓄电池的结构

典型蓄电池的结构如图1-21所示，铅酸密封蓄电池由极板、隔离板和电解液、电池槽及连接条（或铅零件）、接线端子和排气阀等组成。

12V的汽车蓄电池（实际电压在14V左右）由6个单元格组合而成。每个单元格由若干片正极板与若干片负极板（负极板比正极板多一片）间隔重叠而成，中间用超细玻璃纤维隔离板隔离。数片正极板用铅合金焊接在一起组成正极群，同样数片负极板用铅合金焊接在一起组成负极群，正、负极群装于电池槽内组成单体蓄电池。

二 电阻

电阻是利用金属或非金属材料制成具有一定阻值的电路元件。几乎在所有的电路中都离不开电阻。其功能可归纳为降低电压、分配电压、限制电流及向各种电子电路元器件提供必要的工作条件（如电压、电流）等。

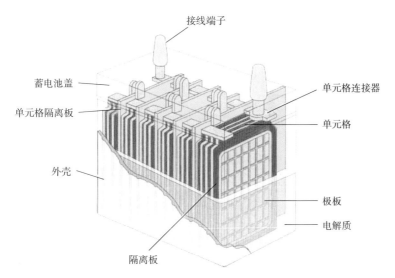

接线端子

蓄电池盖

单元格隔离板

单元格连接器

单元格

外壳

极板

电解质

隔离板

图1-21　典型蓄电池的结构

1 电阻的种类

常见的电阻种类很多，按其结构形式可分为固定电阻、可变电阻；按制造材料可分为碳膜电阻、金属膜电阻、金属氧化膜电阻、贴片电阻等；按功能分为负载电阻、采样电阻、分流电阻、保护电阻等。

可变电阻可分为机械可变电阻（电位器）和其他类型的受外界温度压力等条件影响的电阻，如热敏电阻、光敏电阻等。

2 电阻的单位标注

在汽车电路图中，电阻值在兆欧以上的，标注为M；电阻值在$1 \sim 1000 k\Omega$之间，标注为K；电阻值在1000Ω以下，标注为Ω。

3 电位器

电位器在电控汽车上具有非常重要的作用，它的主要用途是作为位置传感器，如发动机电控系统的节气门位置传感器（图1-22）、加速踏板位置传感器及底盘控制系统的车身高度传感器等。这些传感器可以精确计量某些位置的微小变化，将位置信号转换成电压信号输出。

4 敏感电阻

敏感电阻的阻值对于某种物理量（如温度、光照、电压、压力以及气体浓度等）具有敏感特性，当这些物理量发生变化时，敏感电阻的阻值就会发生改变。

热敏电阻在车上是应用最广泛的一种可变电阻，其阻值随温度变化而变化。阻值随温度升高而减小的可变电阻为负温度系数（NTC）热敏电阻。无固有加热特性的NTC电

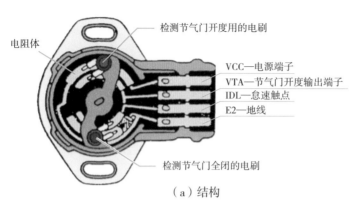

检测节气门开度用的电刷

电阻体

VCC—电源端子
VTA—节气门开度输出端子
IDL—怠速触点
E2—地线

检测节气门全闭的电刷

基准电压　开度信号　节气门怠速信号　接地

（a）结构　　　　　　　　　　　（b）电路

图 1-22　节气门位置传感器

阻在测量温度时作为温度传感器使用，如发动机水温传感器（图1-23）。

光敏电阻的阻值随入射光的强弱变化而改变，当入射光增强时，光敏电阻的阻值减小，入射光减弱时阻值增大。

图 1-23　发动机水温传感器

三　电容器

1　电容器的分类与作用

电容器是一个能够存储电荷或电能的元件。最简单的电容器由两块金属板和金属板之间的一个绝缘体组成。

各式各样的电容器如图1-24所示。根据实际应用情况电容分为非极化电容器和极化电容器。非极化电容器的两个接头相同，即可以互相调换。非极化电容器可用直流和交流电压驱动。极化电容器有一个正极接头和一个负极接头，这两个接头不能互换。极化电容器不能用交流电压驱动。

电容器是各种电路的主要元器件之一，它们在电路中分别起着不同的作用。电容器的功能有调谐、耦合、滤波、去耦、通交流隔直流（旁路交流电、隔断直流电）等。

非极化电容　　　极化电容

（a）电解电容器　　　（b）陶瓷电容器　　　（c）非极化电容器和极化电容器

图 1-24　电容器的类型

在直流电路中，只有在电容器充电过程中，才有电流流过，充电过程结束后，电容器是不能通过直流电的，在电路中起着"隔直流"的作用。电容器充电时，蓄电池电压迫使电流流过充电电路（图1-25）。

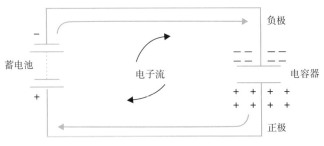

图1-25　电容器充电电路

在电子电路中，电容器既用来通过交流而阻隔直流，也用来存储和释放电荷以充当滤波器，平滑输出脉动信号。小容量的电容器通常在高频电路中使用，如收音机、发射机和振荡器中。大容量的电容器往往是作滤波和存储电荷用。

电容器的滤波原理如图1-26所示，电容器能很好地抑制电路噪声是因为绝大部分的噪声干扰是交流电产生的，而这些影响收音机或放大器的交流电通过电容器接地了。

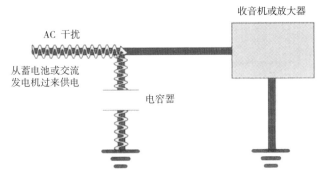

图1-26　电容器的滤波原理

2 电容器的容量

电容器的容量取决于导电板的面积、导电板的距离和两板之间绝缘材料（电介质）的性质。电容器的存储能力称为电容。电容的单位是法拉（F）。但实际上电容器的容量往往比1F小得多，常用微法（μF）、皮法（pF）等表示，它们的关系是1F=1000000μF，1μF=1000000pF。

（四）电感元件

电感元件是指线圈和各种变压器，它既是汽车电路的重要元件，也是电子电路的重要元件，它和电阻、电容器、晶体管等进行组合，从而构成各种功能的电子电路。

线圈按照电磁学原理和电磁感应原理工作。基本的线圈是指缠绕在一个固体上的导线，但不一定要有这个固体。固体主要用于固定较细的导线。

如图1-27所示，将电导体缠绕成一个线圈时，就会在线圈内部形成磁力线。磁力线离开的地方为北极，进入的地方为南极。

带有铁芯的线圈称为电磁铁。在线圈中放入一个铁芯可使磁场强度增大1000倍。在汽车的应用中，这个原理用于点火线圈、继电器、电磁阀（图1-28）和电机等各种元器件。

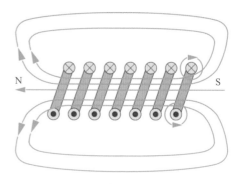

图1-27　通电线圈产生的磁场

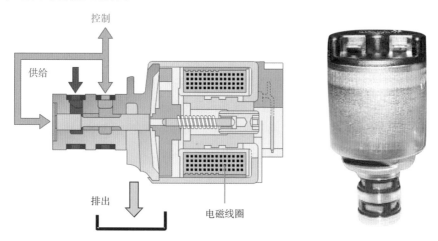

图1-28　线圈应用于自动变速箱电磁阀

在车辆电气系统上，线圈还用于感应式传感器，如曲轴和凸轮轴传感器。线圈也可以用于输送能量（变压器）或进行过滤（分频器），在继电器内利用线圈的磁力切换触点开关。

五　晶体二极管

1　二极管的结构和作用

二极管是由P型和N型半导体结合成的半导体元件。二极管的结构和符号如图1-29所示。由于二极管允许电流只在一个方向流动，制造二极管时，在它的一末端附近印有一条线，用于指示阴极（－）。

电路中二极管只允许电流流向一个方向，而阻止电流流向另一方向。二极管可用来制作逻辑电路。这种电路只有在某些

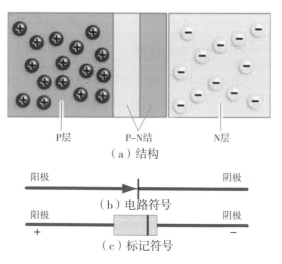

图1-29　二极管的结构和符号

条件满足一定顺序时才能起作用。例如点火开关钥匙警告蜂鸣器的电路，只有在点火开关在关闭（OFF）位置而车门打开的情况下才能被接通。

二极管通常由特殊加工的硅制成，在正确的极性施加足够的电压之前，它相当于一个绝缘体。当电压施加在正确的方向（极性）上时，二极管变为导体，电流流过该电路。若向错误的方向施加电压或电流，二极管仍保持为绝缘体，电流将被阻断。

➋ 二极管的类型和应用

按照二极管所用的半导体材料，可分为锗二极管（Ge管）和硅二极管（Si管）；按照二极管功能的不同，可分为普通整流二极管、齐纳二极管、LED发光二极管、光敏二极管。

（1）普通整流二极管　只允许电流向一个方向流（从P侧到N侧）。如果反向施加电压，则电流不能流通。基于这一特性，可将普通整流二极管用于交流发电机的整流器。如图1-30所示，汽车交流发电机上的整流器就是使用普通整流二极管组成的桥式整流电路，将交流发电机产生的交流电转换成可供汽车电器使用的直流电。

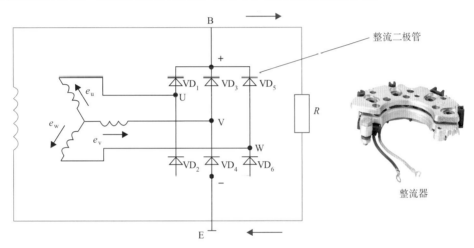

图1-30　普通整流二极管的应用

（2）稳压二极管　又称齐纳二极管，正向导通和普通整流二极管情况一样。当外加的反向电压大到一定数值时，其反向电流就会突然增大，此现象称为反向击穿，而反向导通的电压为齐纳电压。只要对反向电流进行限制，这种击穿就是非破坏性的。稳压二极管被击穿后，尽管通过管子的电流能在很大的范围内变化，但稳压二极管两端的电压变化很小或几乎不变。稳压二极管就是利用这种特性来实现稳压的。

使用稳压二极管可以稳定直流电压。图1-31所示为稳压二极管及简单稳压电路，它能够在输入电压于12~15V之间摆动时，使输出稳定在5.1V。

（3）发光二极管　简称LED，如图1-32所示。它可以把电能转化成光能。发光二极管与普通整流二极管一样由一个PN结组成，也具有单向导电性。当给发光二极管加上正向电压，注入一定的电流后，电子与空穴不断流过PN结或与之类似的结构面，当电子与空穴复合时能辐射出可见光。

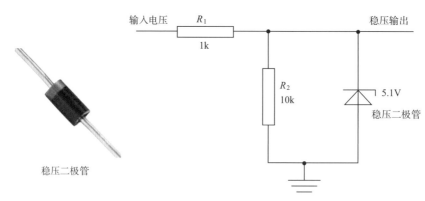

图 1-31　稳压二极管及简单稳压电路

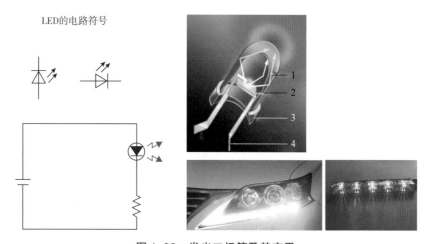

图 1-32　发光二极管及其应用

1—发出的光线；2—PN 结；3—塑料壳；4—电气接头

LED 必须始终与一个串联电阻连接在一起，以便限制经过发光二极管的电流。发光二极管常用于汽车仪表、指示灯及各种灯具。

LED 相对于普通灯泡的优势在于灯泡功耗低，发热小，寿命长；不会突然发生故障，而是光强度随着时间减弱；响应时间更快；抵抗机械振动的能力较强。因此 LED 已广泛应用在汽车灯光系统上，如前大灯、日间行车灯、尾灯、前后指示灯、倒车灯、高位刹车灯等。

（4）光敏二极管　是将光信号变成电信号的半导体器件。光敏二极管也是 PN 结二极管，这个 PN 结二极管由半导体和透镜组成。为了便于接受入射光照，PN 结面积尽量做得大一些，电极面积尽量小些，而且 PN 结的结深很浅，一般小于 1μm。

如图 1-33 所示，如果在有光线照射的光敏二极管上加反向电压，则反向电流就会通过。电流强度的变化和照在光敏二极管上的光线的多少成比例。

如图 1-34 所示，光敏二极管在汽车上主要用作光线传感器，如自动空调系统的阳光传感器，自动刮水装置的雨量传感器。

阳光传感器又称日照传感器，它安装在仪表板上部左端，光敏二极管把光强度变化转换为电流变化。它检测通过挡风玻璃的光照量，把它变成电流信号，然后把这个信号

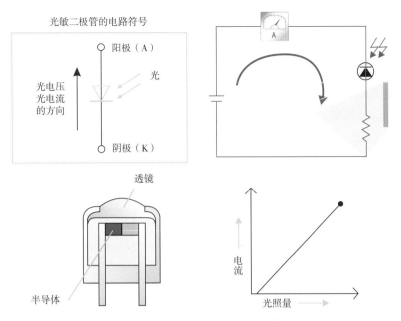

图 1-33 光敏二极管的结构与作用

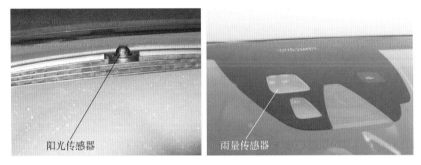

图 1-34 光线传感器

发送给自动空调ECU，由自动空调ECU补偿车内因阳光照射引起的温度变化。

雨量传感器的工作原理如图1-35所示。这种传感器也称反射型光传感器，它是将发光二极管和受光器件（光敏二极管）配置在一个方向，通过物体将发光二极管的光反射，用受光器件进行检测。

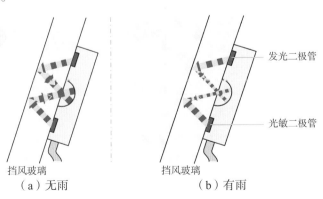

图 1-35 雨量传感器工作原理

雨量传感器通过发光二极管发出一束光线。如果挡风挡玻璃是干的，全部光线被玻璃表面反射回来；如果挡风玻璃是湿的，光线就向不同的方向折射，这样，很少的光线被挡风玻璃反射回来。

光线折射依赖于雨水的强度，当雨量传感器向自动间歇式雨刮系统的继电器发送雨水信号时，雨刮器开始工作。

（六）晶体三极管

晶体三极管是由三个半导体层组成的电子元件，且每个半导体层都各有一个电气接头。如图1-36所示，根据半导体层的分布方式分为PNP型晶体管和NPN型晶体管。这三个半导体层及其接头分别称为发射极（E）、基极（B）和集电极（C）。电荷载体从发射极移动到基极（发射出去）并由集电极吸收。因此，三极管有两个PN结：一个位于发射极与基极之间；另一个位于集电极与基极之间。

三极管是有三根导线的半导体。将一个微小的电流或电压（0.6V）施加在一根导线上，就可以控制流经其他两根导线较大的电流。这就意味着三极管可以当作放大器和开关来使用。

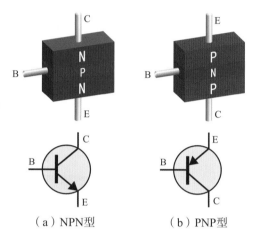

（a）NPN型　　　　（b）PNP型

图1-36　晶体三极管的两种类型

如图1-37所示，在一个NPN型三极管中，当电流I_B从B极流到E极时，电流I_C从C极流到E极。在PNP型三极管中，电流I_B从E极流到B极时电流I_C从E极流到C极。电流I_B称为基极电流，电流I_C称为集电极电流。只有在I_B流通时，I_C才会流通。

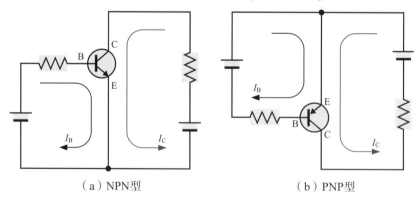

（a）NPN型　　　　　　　　　（b）PNP型

图1-37　三极管的工作原理

在汽车的电气系统中，用电器通过机械和电子开关打开和关闭。因为晶体管响应速度更快，没有噪声而且不会造成机械磨损，越来越多的机械开关已由晶体管所取代。如图1-38所示，三极管用于控制喷油及输出车速信号。

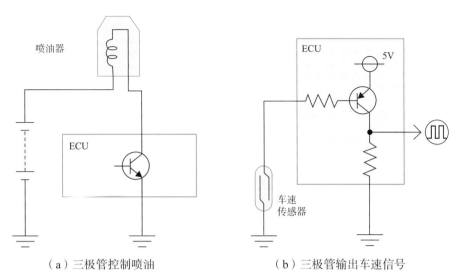

（a）三极管控制喷油　　　　　　　（b）三极管输出车速信号

图 1-38　三极管在汽车电路中的应用

七　电路保护装置

　　每个电路均配备有一个或多个电路保护装置，以防止损坏导线和电气部件。这些装置可能是熔丝（保险丝）、熔断丝、断路器，或是上述装置的综合应用。汽车上的有些控制单元通过在过载或电压超过规格时关闭电路供电来保护自己。

　　丰田汽车电路保护装置如表 1-1 所示。

表 1-1　丰田汽车电路保护装置

图　示	符　号	部件名称	缩　写
		熔丝	FUSE
		中电流熔丝	M-FUSE
		大电流熔丝	H-FUSE
		熔断丝	FL
		断路器	CB

1　熔丝

　　熔丝俗称保险丝。汽车上常见的熔丝有叶片式和管式两种类型。叶片式熔丝在汽车上最为常见，有特定的额定电流和色标。熔丝上标有额定电压和额定电流的永久性标记。

熔丝外壳体上的两个小孔可以使维修人员很方便地检查电压降、工作电压或导通性。

熔丝是插接式装置，当超过规定值的电流流过单个电器的电路时，熔丝就会熔断，以保护电器电路。在将电路故障修复后必须更换熔丝。

①检查熔丝时，必须确认熔丝的金属丝没有熔断。

②如果熔丝的金属丝已熔断，则确认电路中没有短路。

③更换熔丝时，必须使用额定电流相同的熔丝。

2 熔断丝

熔断丝的安装位置接近电源。熔断丝通常在不宜采用熔丝或电路断路器的情况下保护较大范围的车辆电路。如图1-39所示，若发生过载，熔断丝较细的导线将熔断，从而在发生损坏前断开电路。

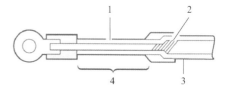

图1-39　熔断丝的结构
1—细导线；2—接合片；3—电路导体；
4—电流过大时该部分将熔断

3 断路器

断路器可以是一个单独插接的总成，或是安装在开关内或电刷支架上。当超过规定的电流时，断路器中的一组触点将瞬时断开电路。

与熔丝不同的是，断路器每次断开后不必进行更换。断路器有循环式与非循环式两种。

（1）循环式断路器　配备一个由两种不同金属构成的双金属片，受热后每种金属的膨胀率不同。当超过一定量的电流流过双金属片时，因为热量的积累，高膨胀率的金属将产生弯曲，使触点断开。因断开电路，没有电流流过，该金属将冷却并收缩，直到触点将电路再次接通。

（2）非循环式断路器　用一段高阻导线绕在双金属臂上，在触点打开时电路仍可通过这段导线维持一个高电阻通路。它所产生的热量使双金属片在电路撤去电压前不致冷却下来将触点接通。撤去电压后双金属片才可冷却下来使电路复原。

八 继电器

继电器是利用较小的电流来控制较大电流的远程控制开关。汽车电气系统中所使用的继电器体积较小，触点控制的电流也较小，属于小型继电器。它们通常安装在熔丝/继电器盒中，如图1-40所示。

1 继电器的结构与工作原理

汽车上广泛使用机械式继电器，这种机械式继电器一般由铁芯、线圈、电枢、触点簧片等组成。继电

图1-40　熔丝/继电器盒中的继电器

器的内部结构如图1-41所示。

机械式继电器通常依据电磁铁的工作原理工作。如图1-42所示，若一个由电源、开关及灯泡组成的电路设备，要求用强电流直接接线，则开关及接线都要有承受此强电流的能力，可使用一开关利用弱电流去接通和断开继电器，然后由后者通过的大电流去接通或断开灯泡。当开关闭合时，电流经过触点1及2使线圈励磁，线圈的磁力吸引触点3和4之间的动触点，结果触点3、4接通并使电流流向灯泡。当开关断开时，线圈断电，线圈的磁力也随之消失，动触点就会在弹簧的反作用力下返回原来的位置，使动触点与静触点分开。

图1-41 继电器的内部结构

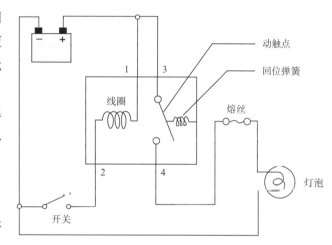

图1-42 继电器的工作原理

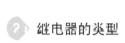
继电器的类型

如图1-43所示，继电器按断开及接通方式可分为如下三种。

（1）常开型 工作时通过控制电流使负荷电路闭合的继电器称为常开继电器。如图1-43（a）、（b）所示，这种类型的继电器不工作时是断开的，只有在其线圈受激时才闭合。

（2）常闭型 工作时通过控制电流使负荷电路断开的继电器称为常闭继电器。如图1-43（c）所示，这种类型的继电器不工作时是闭合的，只有在其线圈受激时才断开。

（3）切换型 将常开型和常闭型两种继电器结合在一起的继电器，即工作时使一侧工作触点断开，另一侧工作触点闭合。如图1-43（d）所示，这种类型的继电器两组触点之间的切换，由线圈受激状态决定。

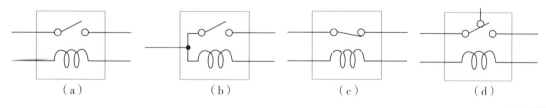

（a）　　　　　　　（b）　　　　　　　（c）　　　　　　　（d）

图1-43 继电器的类型

继电器在汽车上的应用

汽车上许多电器需要用电气开关进行控制。由于汽车电气系统电压较低，具有一定功率的电器工作电流较大，一般在几十安以上，这样大的电流如果直接用开关或按键进行通断控制，开关或按键的触点将因为无法承受大电流的通过而烧毁。因此，在汽车的电气系统中，有很多地方应用了继电器，如供电继电器、燃油泵继电器、冷却风扇控制继电器、启动继电器、喇叭继电器、闪光继电器、雨刮继电器等。

汽车发动机燃油泵的控制电路示意图如图1-44所示。

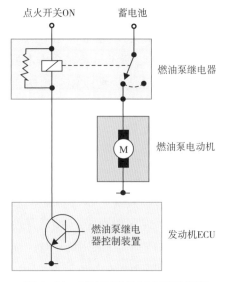

图 1-44　燃油泵的控制电路示意图

九　开关装置

开关装置用来控制汽车电路的通断，决定各用电器是否工作。因此，电路中主要的开关往往汇集了很多线路，如点火开关、转向盘下方的组合开关及电动车窗开关等。对开关的要求是坚固耐用、安全可靠、操作方便、性能稳定。图1-45所示为汽车上的三大重要开关。下面对点火开关和组合开关进行详细讲解。

1　点火开关

点火开关是汽车电路中最重要的开关，是各条电路分支的控制中心，是多挡多接线柱开关。其主要功能是在Lock挡位锁住转向盘转轴，在ON或IG挡位接通点火电源、仪表指示等，还有启动（ST或Start）挡、附件挡（ACC主要是收放机专用）。其中操作启动挡时必须用手克服弹簧力，扳住钥匙，一松手就弹回点火挡，不能自行定位，而其他挡均可自行定位。

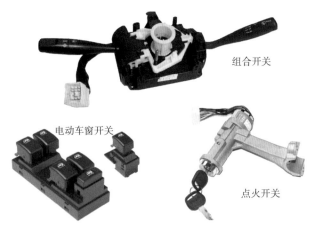

图 1-45　汽车开关装置

下面以大众捷达和吉利汽车的点火开关为例，讲述点火开关电路及工作原理。

捷达汽车常用的点火开关D有三挡位式与四挡位式，图1-46所示为捷达三挡位点火开关电路。三挡位式点火开关具有0、Ⅰ、Ⅱ（或LOCK、ON、START）挡位。0挡时钥匙可自由插入或拔出，顺时针旋转40°为Ⅰ挡，继续再旋转40°为Ⅱ挡，外力消除后能自动复位到Ⅰ挡。

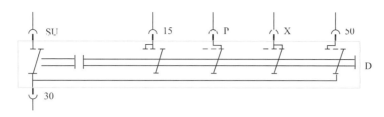

图 1-46 捷达三挡位点火开关电路

捷达轿车点火开关挡位示意图如图 1-47 所示。

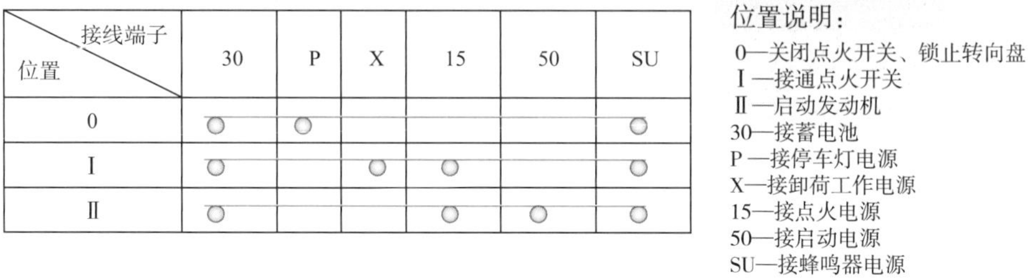

接线端子 位置	30	P	X	15	50	SU
0	○	○				○
Ⅰ	○		○	○		○
Ⅱ	○			○	○	○

位置说明：
0—关闭点火开关、锁止转向盘
Ⅰ—接通点火开关
Ⅱ—启动发动机
30—接蓄电池
P—接停车灯电源
X—接卸荷工作电源
15—接点火电源
50—接启动电源
SU—接蜂鸣器电源

图 1-47 捷达轿车点火开关挡位示意图

点火开关位于 0 位置：点火开关处于关闭状态，汽车转向盘被锁死，具有防盗功能。此时电源总线 30 与 P 端子接通，操作停车灯开关，可使停车灯点亮，与点火开关钥匙是否拔下无关。如将点火开关钥匙插入，将使 30 与 SU 端子接通，蜂鸣器可工作。

点火开关位于 Ⅰ 位置：启动后，松开点火开关钥匙，点火开关将自动逆时针旋转回到位置 Ⅰ，这是工作挡。这时 P 端子无电，而 15、X、SU 三端子通电。15 端子通电，点火系统继续工作；X 端子通电使前照灯、雾灯等工作，以满足夜间行驶的需要。

点火开关位于 Ⅱ 位置：电源总线 30 与 50、15、SU 端子接通，使起动机运转；30 与 15 端子接通使点火系统分电器等进入工作状态。因 P 端子断电，停车灯不能工作；因 X 端子断电，前照灯、雾灯等不能工作。

目前汽车大量采用四挡位式点火开关，它具有 0、Ⅰ、Ⅱ、Ⅲ（或 LOCK、ACC、ON、START）四挡位，在三挡位的基础上增加了一个 ACC 电气附件工作挡，其他不变。图 1-48 所示为吉利汽车四挡位点火开关挡位示意图，点火开关的 1、5 端子为供电输入，3 端子为 ACC 输出，6 端子为点火挡输出，2 端子为大电流用电器输出，4 端子为启动控制。启动时断开端子 2 输出，但不断开点火挡输出端子 6。

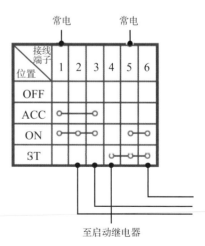

图 1-48 吉利汽车四挡位点火开关挡位示意图

2 组合开关

汽车组合开关将灯光开关（照明、变光）、信号开关（转向、危险警告、超车）、刮水器／清洗器开关等组合为一体，安装在便于驾驶员操作的转向柱上。组合开关一般是分体式的，分灯光操作手柄和雨刮操作手柄。如图1-49所示，组合开关卡接在转向柱上，左手边为灯光开关，右手边为雨刮开关。组合开关的挡位及控制电路将在第二章详细介绍。

图1-49　汽车组合开关

➕ 导线与线束

汽车用导线有高压导线和低压导线两种，两者均采用铜质多芯软线。汽车电路图中纵横交错的线路就是具有各种功能的导线，导线标注了颜色、线径，有的还标注了导线编码（线号），以便区分和查找。

在汽车上，为了安装方便和保护导线，将走向相同的许多导线用棉纱编织物或聚氯乙烯塑料带包扎成束，称为线束。线束由多种规格的导线、连接器护套、端子、导管、胶带、保险片等零件通过分叉、铆接、缠扎、装配而成。通过线束的连接，整车各电气电子设备才能正常工作。

根据线束安装位置的不同，汽车线束包括前舱线束、发动机线束、仪表板线束、空调线束、车身底板线束、车门线束和顶棚线束等。奇瑞瑞虎5汽车1.5T车型右前门线束及插件位置如图1-50所示。

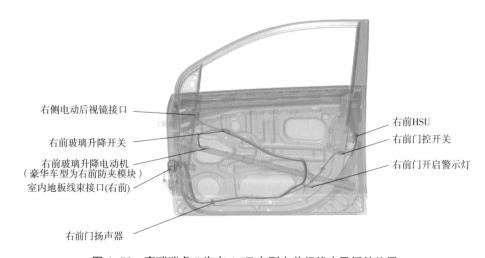

图1-50　奇瑞瑞虎5汽车1.5T车型右前门线束及插件位置

第三节　汽车电气系统的组成与特点

一　基本电路的类型

1　串联电路

串联电路是把各电气元件逐个顺次连接起来组成的电路。在串联电路中，当电流流动时，电压降成正比地经过每个负载。在串联电路上增加负载会降低工作电压。

具有两个电气负载（灯泡）的串联电路如图1-51所示，所有的电流必须通过这两个灯泡。由于每个灯泡都有电阻，

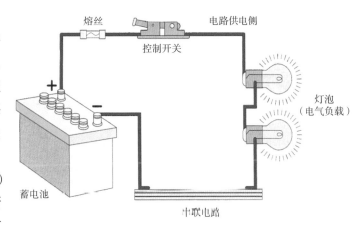

图1-51　具有两个电气负载的串联电路

相对于只有一个灯泡负载的电路，流过两个灯泡的电流将会减少，因此灯泡的亮度会变暗。

这种方式的串联电路在汽车电路中也有应用，如发动机的冷却风扇控制电路，两个冷却风扇电动机串联在一起时转速较慢，这是低速散热挡，而并联时则转速较快，这是高速散热挡。

在串联电路中，只有一个电流流动通路。电流流过每个负载，然后经地线返回到蓄电池。由于串联电路只有一个电流流动通路，因此电路中的任何一处断路都将切断电流，用电器将停止工作。

2　并联电路

并联电路是把各用电器并列连接起来，具有多个电流流通路径的电路。

虽然电压、电流和电阻仍然对并联电路存在一定的影响，但与简单的串联电路相比却有所不同。在并联电路中，每个支路都具有蓄电池电压。增加支路不会降低工作电压。换言之，即并联电路的每个支路相当于一个独立的串联电路。

汽车电路一般都是并联电路，大到控制系统与控制系统之间的并联，小到照明灯泡之间的并联。

在如图1-52所示的并联电路中，干路上的开关闭合，各支路上的开关（如果有）闭合，灯泡才会发光，干路上的开关断开，各支路上的开关都闭合，灯泡也不会发光，说

明干路上的开关可以控制整个电路，支路上的开关只能控制本支路。

并联电路的一大优点是，如果其中一个负载或支路出现断路，其他支路仍然会正常工作。

如图1-53所示，如果将灯泡2的导线剪断，灯泡2将不亮，这是因为灯泡2电路产生了开路。灯泡1仍然在一个完整的电路连接中，可以正常工作，不受灯泡2线路开路的影响。当一个灯泡烧坏时，另一个灯泡仍发光，这是因为每个灯泡都有自己的供电和接地连接。

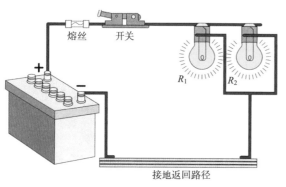

图1-52 并联电路

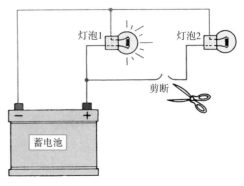

图1-53 并联电路的优点

二 电路的开路与短路

1 电路的开路

开路又称断路，是指因电路中某一处断开而使电阻过大，电流无法正常通过，导致电路中的电流为零。如图1-54所示，电路中的一个电气开关断开时，就会断开电路回路，电路中将不会有电流流过。该控制开关也可以安装在返回（接地）路径上，同样起到控制电流通断的作用。

断开的电路两端为电源电压，一般对电路无损害，如导线断了，或用电器（如灯泡中的灯丝断了）与电路断开等。图1-55所示为造成电路开路的原因，包括熔丝熔断、控制开关触点接触不良、电线被切断、负载开路、供电或接地点松动等。

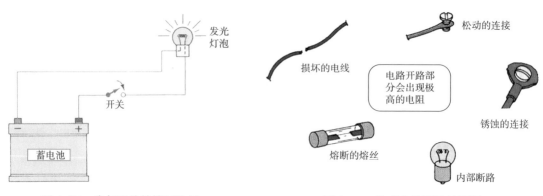

图1-54 电气开关的控制作用　　　　　图1-55 造成电路开路的原因

2 电路的短路

短路就是电源未经过负载而直接由导线接通成闭合回路。短路影响了电路的电源供电侧，电流将绕过部分或全部电路中的电气负载直接返回到地面，被短路的电路部分将不再有电流通过。

短路分为部分负载短路和全部负载短路。部分负载短路也称用电器短路，是指用导线直接将某电路元件或负载的两端连接起来。此用电器被短路，这时容易产生烧毁其他用电器的情况。如图1-56所示，由于电路故障，灯泡L2被短路，没有电流流经L2，而是全部通过灯泡L1，此时，L1有可能因电流过大而烧毁。

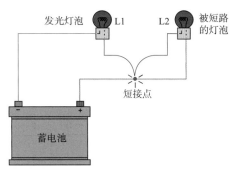

图 1-56　部分负载短路

如图1-57所示，在只有一个负载的电路（或并联电路）中，负载的供电端直接接地，这相当于直接用导线把蓄电池的正、负极相连，这种情况称为全部负载短路。在汽车电路故障中，这种短路现象比较常见，产生的短路电流很大，熔丝会瞬间熔断，起到保护作用。通常这是一种严重而应该尽可能避免的电路故障，轻则使电路因熔丝熔断开路，重则会导致电路因电流过大而烧毁并发生火灾。

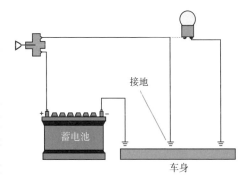

图 1-57　全部负载短路

三 汽车电气系统的组成

汽车电气设备按功能可分为电源系统、启动系统、点火系统、照明与信号系统、仪表与报警系统、电子控制装置、辅助电器等部分。

1 电源系统

电源系统由蓄电池、发电机、调节器及工作状况指示装置（电流表、充电指示灯）等组成。其作用是向全车用电设备提供低压直流电能。

2 启动系统

如图1-58所示，启动系统由蓄电池、点火开关、起动机、启动继电器及启动保护装置组成。其作用是将蓄电池储存的电能转变为机械能，带动发动机以足够高的转速运转，以顺利启动发动机。

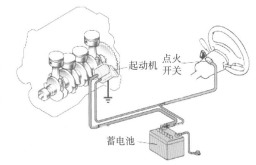

图 1-58　启动系统的组成

③ 点火系统

汽油发动机含有点火系统，早期的点火系统由点火线圈、分电器、电子点火器、火花塞、点火开关等组成，现在的电控汽油机采用发动机控制单元进行点火控制，可以不使用分电器。点火系统的作用是将低压电转变为高压电，适时可靠地点燃气缸中的可燃混合气。

④ 照明与信号系统

照明与信号系统由小灯（示位灯、尾灯）、前照灯、雾灯、转向灯、制动灯、倒车灯、电喇叭等及其控制继电器和开关组成。照明系统的作用是确保车辆内外一定范围内合适的亮度；信号系统的作用是引起行人和车辆驾驶员的注意，指示行驶趋向及操纵件的状态。

⑤ 仪表与报警系统

仪表与报警系统由组合仪表、传感器、各种报警指示灯及控制器组成。其作用是显示汽车运行参数及交通信息，警告运行性机械故障，以确保行驶和停车的安全性、可靠性。

⑥ 电子控制装置

电子控制装置由电控燃油喷射系统、自动变速器、ABS/ESP 系统、巡航控制系统及悬架平衡控制装置等组成。

⑦ 辅助电器

辅助电器由为提高车辆安全性、舒适性、经济性等各种功能的电器装置组成。辅助电器因车型不同而有所差异，一般包括挡风玻璃刮水/清洗装置、风窗除霜/防雾装置、启动预热装置、音响装置、车窗电动升降装置、电动座椅调节装置等。雨刮系统的组成如图1-59所示。

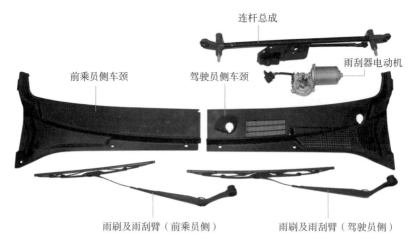

图 1-59　雨刮系统的组成

四 汽车电气系统的特点

现代汽车的电气系统较为复杂，电气电子设备种类繁多，功能各异。但这些电气线路都遵循一定的原则，具有一定的规律，了解这些原则和规律对进行汽车电路分析是有很大帮助的。

1 低压

汽车电气系统的额定电压主要有12V和24V两种。汽油车普遍采用12V电源，柴油车多采用24V电源（由两个12V蓄电池串联而成）。汽车运行中的电压，一般12V系统的为14V，24V系统的为28V。

2 直流

汽车的各种用电器及控制系统都是由直流电驱动的，如汽车发动机是靠电力起动机启动的，起动机由蓄电池供电，而向蓄电池充电又必须用直流电源，所以汽车电气系统为直流系统。汽车的直流电是由交流发电机产生的交流电经发电机内部的整流器整流，电压调节器对电压进行调节然后输出的。

3 单线制

单线连接是汽车线路的特殊性，它是指汽车上所有电器的正极均采用导线相互连接，而所有的负极则直接或间接通过导线与车架或车身金属部分相连，即搭铁。任何一个电路中的电流都是从电源的正极出发经导线流入用电设备后，再由电器自身或负极导线搭铁，通过车架或车身流回电源负极而形成回路。单线制导线用量少，线路清晰，接线方便。

4 并联连接

汽车的各用电设备均采用并联，汽车上的两个电源（蓄电池与发电机）之间以及所有用电设备之间，都是正极接正极，负极接负极，并联连接。

由于采用并联连接，所以汽车在使用中，当某一支路用电设备损坏时，并不影响其他支路用电设备的正常工作。

5 负极搭铁

采用单线制时蓄电池的一个电极需接至车架或车身上，俗称搭铁。蓄电池的负极接车架或车身称为负极搭铁；蓄电池的正极接车架或车身称为正极搭铁。负极搭铁对车架或车身金属的化学腐蚀较轻，对无线电干扰小。我国标准规定汽车线路统一采用负极搭铁。

6 设有保险装置

为了防止因短路或直接搭铁而烧坏汽车电器和线路，汽车电路中一般设有保护装置，如熔丝、易熔线等。

7 汽车线路有颜色和标识特征

为了便于区别各线路的连接，汽车所有低压导线必须选用不同颜色的单色或双色线。各大汽车厂家在绘制电路图时，在每根导线上标明颜色的英文代号（或文字）及导线大小规格（导线截面积）。

第四节 汽车电路故障的检修

随着汽车电气技术的不断发展与进步，电器电路在汽车上的应用越来越广泛，随之而来的是，对汽车电气系统的维修所占的比例也越来越大。

汽车电路故障诊断是维修工作中的要点、难点，掌握正确的汽车电路故障诊断方法可以少走弯路，使电路检修工作事半功倍。

一 电路故障诊断流程

对于电路故障，应按照以下步骤进行检查。

1 确认故障现象

为了正确进行维修，首先应确认客户（车辆送修人员）所描述的故障现象，再现故障内容。仔细检查相关部件以确认故障现象并做好记录。不得在未确定故障范围和故障原因之前就对部件进行分解。

2 电路图识读及原因分析

根据相关电气系统的电路图对故障部件从电源到接地的整个电路进行分析、判断，确定故障原因，明白电气系统的工作原理。有时需要检测与故障电路公用的其他电路，如在电路图上参考熔丝、接地、开关等公用的系统电路。

如果公用电路中的其他部件工作正常，则故障就在本身电路上。如果公用电路上的部件都有故障，则公用的熔丝或搭铁存在问题。

3 电路及部件的检查

查阅电路图时应结合维修手册来使用，参考维修手册中对电气系统的描述，了解系统的工作原理，以及参考维修手册中对电路及部件的检查流程。对于有控制模块的电路，可以先使用诊断仪对部件进行测试，得出结果。

有效的故障诊断应该是具有逻辑性的分析过程。

④ 故障维修

找出故障原因后，参考电路图及维修手册中对故障处理方法的描述对故障电路及部件进行维修。

⑤ 确认电路工作

修理结束后，为了确认故障已排除，要重新进行检测。如果是熔丝熔断故障，则对所有该熔丝的连接电路进行检测。

二 电路故障检修设备

① 电压表及试灯

检测电路故障时，可以用电压表或试灯检查电路状态及用试灯检查有无电压。如图1-60所示，试灯由一对导线和12V灯泡组成。检查时，一根导线搭铁，另一根导线连接在某个测量点上。如果这时灯亮，说明该点有电源供应。

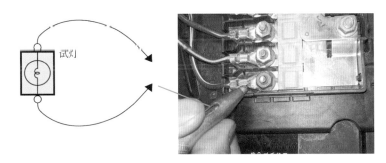

图1-60　试灯及使用方法

检测电子控制模块的电压时，如检测电控燃油喷射发动机使用的发动机控制模块（ECM）电路的电压，必须使用10MΩ或电阻更高的数字式电压表来检查。使用试灯对模块电路进行检查有可能损坏内部电路，所以绝对不能使用试灯进行电子电路的测试。

电压表与试灯的使用方法基本相同，不同的是用试灯只能检查是否有电，而电压表还可以显示电压的大小。

② 自带电源的试灯及电阻表

自带12V电源的试灯或电阻表可用来检查电路回路是否导通。如图1-61所示，自带电源的试灯由灯泡、电池和两根导线组成，两根导线相连接时灯泡亮。检测前，应先断开蓄电池负极导线并拔出该电路的熔丝，然后利用试灯的两根导线分别连接需要检测导通性的两个测量点，如果试

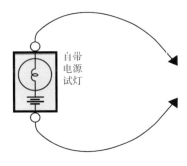

图1-61　自带电源的试灯

灯正常点亮，则线路连接正常。

电阻表的使用方法与电压表相同，电阻表能显示当前的电阻值，显示的电阻值越小，表示导通性越良好。

3 带熔丝的跨接线

在检查开环（断路）电路时，需要使用跨接线来确定断路点。带熔丝的跨接线如图1-62所示。对于那些可能因短路导致线路断开的情况，应使用带有比电路额定容量小的熔丝的跨接线来检查相关电路。

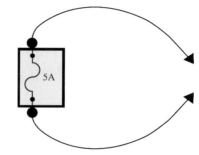

图 1-62　带熔丝的跨接线

4 万用表

万用表一般分为指针式万用表（模拟式）和数字式万用表（图1-63）。

数字式万用表可测量直流电压、交流电压、直流电流、交流电流、喷油脉冲、二极管/三极管极性、电阻、电路导通性等。

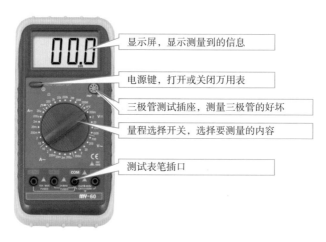

- 显示屏，显示测量到的信息
- 电源键，打开或关闭万用表
- 三极管测试插座，测量三极管的好坏
- 量程选择开关，选择要测量的内容
- 测试表笔插口

图 1-63　数字式万用表

数字式万用表的使用方法如下。

①直流电压的测量　将量程开关有黑线的一端拨至"DC-V"范围内的适当量程挡，黑表笔插入"COM"插口，红表笔插入"V·Ω"插口，将电源开关拨至"ON"挡，表笔接触测量点（图1-64）后，显示屏上便出现测量值。量程开关置于200mV挡，显示值以"mV"为单位，其余各挡以"V"为单位。

②交流电压的测量　将量程开关拨至"AC-V"范围内的适当量程挡，表笔接法同上，其测量方法与测量直流电压相同。

③直流电流的测量　将量程开关拨至"DC-A"范围内的适当量程挡，当被测电流小于200mA时，红表笔应插入"mA"插口，黑表笔插入"COM"插口，接通内电源，把仪表串联接入（图1-65），即可显示读数。

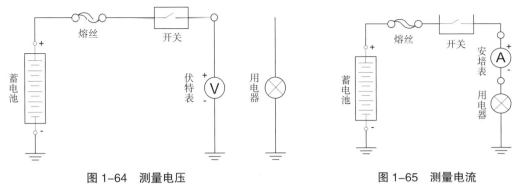

图 1-64 测量电压　　　　　　　　　　　　　　图 1-65 测量电流

④交流电流的测量　将量程开关拨至"AC-A"范围内的适当量程挡，红表笔应按量程不同插入"mA"或"10A"插口，测量方法与测量交流电流方法相同。

⑤电阻的测量　将量程开关拨至"Ω"范围内的适当量程挡，红表笔插入"V·Ω"插口，黑表笔插入"COM"插口，如图1-66所示将表笔连接到待测电阻或线圈，即可测量其电阻值（测量时确保电阻或线圈不带电）。

⑥二极管的测量　将量程开关拨至二极管符号挡，红、黑表笔分别插入"V·Ω"和"COM"插口，将表笔接至二极管两端，并调换表笔再测一次，读数应显示一次通一次不通，如图1 67所示。

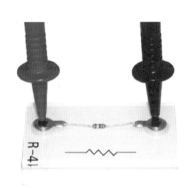

图 1-66 测量电阻

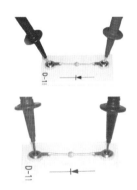

图 1-67 测量二极管

若在一个方向二极管是通的，在交换表笔后断开，则说明二极管良好。

若二极管两个方向都是通的，则二极管被击穿；两个方向都不通，说明二极管已开路。

⑦电路通断的检查　将红表笔插入"V·Ω"孔内，量程开关转至标有"·)))）"的符号处，然后用表笔触及被测量电路，若表内蜂鸣器发出声音，说明电路是通的，反之则不通。

三　电路检测方法

1　电压检测

此测试检查某一点是否有电压。当检查导线连接器的某一个端子时，可以不分解导线连接器，从导线连接器的背面进行测试。始终要检查连接器的两侧，因为连接器接触面之间的污垢和侵蚀，也可能导致电气故障。

电压检测方法如图1-68所示，操作步骤如下。

①用试灯或电压表检查电压时，先把测量仪的负极与蓄电池负极连接。

②再把试灯或电压表的另一端连接到要检测的位置上（连接器或端子）。

③如果用试灯检查，试灯亮，表示有电。如果用电压表检查，电压表的显示值比规定值小于1V以上，说明电路有故障。

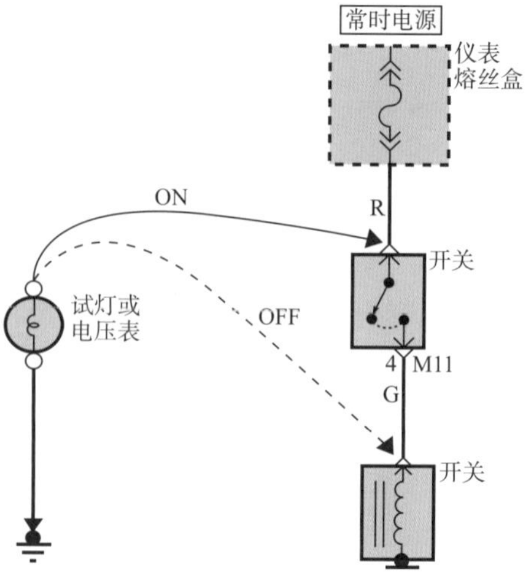

图 1-68　电压检测方法

2 ▶ 通电测试

①分离蓄电池负极端子。

②把自带电源试灯或电阻表的一根引线连接到要检测的部位上，如图1-69所示。使用电阻表时，先把电阻表的两根引线短接，用调零器调零。

③把检测仪的另一引线连接到要检测的负载的另一端子上。

④自带电源试灯亮，表示导通；使用电阻表时，电阻很小表示良好的导通状态。

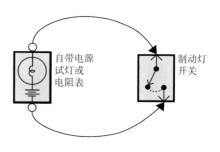

图 1-69　通电测试方法

3 ▶ 搭铁电路的短路测试

①分离蓄电池负极导线。

②把自带电源试灯或电阻表的一根引线连接到易熔丝的一个端子上。

③把自带电源试灯或电阻表的另一引线搭铁。

④如图1-70所示，从接近熔丝盒的线束逐一检查。观察自带电源试灯或电阻表，重复此过程。

⑤自带电源试灯亮或电阻表显示的数值接近0Ω，说明这部分到搭铁电路短路。

4 ▶ 电压降测试

①如图1-71所示，连接电压表的正极引线到最靠近蓄电池的导线的末端（或连接到连接器或开关的一侧）。

②连接负极引线到导线的另一端（或连接到连接器或开关的另一侧）。

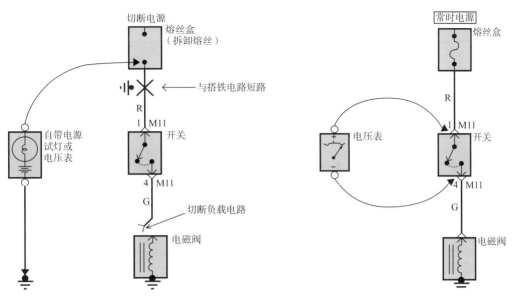

图 1-70　搭铁电路的短路测试方法　　　　图 1-71　电压降测试方法

③接通电路。

④电压表显示两点之间电压的差值。0.1V以上的差值（5V电路中为50mV）则表示可能出现故障。

⑤检查电路是否松动或连接器是否脏污。

四　电路故障排除方法

汽车电路中发生的故障主要有断路、短路及电器的损坏等。为了能迅速、准确地诊断出故障，下面介绍几种常见的电气故障检修方法。

1　直观诊断法

汽车电路发生故障时，有时会出现冒烟、火花、异响、焦臭、发热发烫等异常现象。这些现象可通过人的眼、耳、鼻、手感觉到，从而可以直接判断出故障所在部位。

例如，一辆捷达汽车在行驶中，突然发现转向灯与转向指示灯均不亮，用手触摸发现闪光器发热烫手，说明闪光器已被烧坏。检测该车的组合尾灯，发现转向灯灯座上的导电金属片发热严重，用手触摸感觉温度很高，更换组合尾灯灯座，故障即排除。

2　断路法

汽车电路设备发生搭铁（短路）故障时，可用断路法判断，即将怀疑有搭铁故障的电路段断路后，根据电器中搭铁故障是否还存在，判断电路搭铁的部位和原因。

例如，汽车行驶时，听到喇叭长鸣，则可以将喇叭继电器的开关控制线拔下，此时如果喇叭停鸣，则说明转向盘上的喇叭开关至继电器这段电路中有搭铁现象。

3 试灯法

试灯法就是利用试灯对电路故障进行诊断的一种方法，其优点是可迅速地判断出电路中的短路和断路故障。试灯法又分为短路检测法和断路检测法两种。短路法主要用于检测线路中的断路故障，而断路法则主要用于检测线路中的短路故障。

4 仪表法

仪表法即通过观察汽车仪表板上的电流表、水温表、燃油表、机油压力表等的指示情况，来判断电路中有无故障。

例如，燃油表发生故障，接通点火开关时，燃油表指示最低刻度位置，而此时汽车已加油，这说明燃油油位传感器有故障或该线路有搭铁。

5 高压试火法

高压试火法即对高压电路进行搭铁试火，观察电火花状况，从而判断点火系统的工作情况。

具体方法是，取下点火线圈或火花塞的高压导线，将其对准火花塞或缸盖等，距离约5mm，然后接通启动开关，转动发动机，看其跳火情况，如果火花强烈，呈天蓝色，且跳火声较大，则表明点火系统工作基本正常，反之则说明点火系统工作不正常。

6 换件法

换件法在实际故障诊断中经常采用，即使用一个无故障的元件替换怀疑可能出现故障的元件，观察出现故障系统的工作情况，从而判断故障所在。采用换件法必须注意的是，在换件前要对其线路进行必要的检查，确保线路正常方可使用，否则会造成更大的损失。

7 仪器法

随着汽车电气设备的日趋复杂，在维修中，特别是维修电子设备较多的车辆，使用一些专用的仪器是十分必要的。

例如，检测发动机的点火、喷油系统时使用示波器，检测发动机电控系统时使用专用故障诊断仪。

第二章

汽车电气系统电路识读

CHAPTER

2

第一节 供电与接地

一 汽车的供电

汽车的电气系统通常采用12V电源，所有电气系统的供电都是从电源（蓄电池）开始，然后通过熔丝、控制开关等元件再到达各用电器。因此，汽车的供电电路描述了所有系统的电流传输走向。

奥迪A3汽车的供电系统如图2-1所示。系统的供电顺序是蓄电池→SA→SB，大部分的仪表板SC熔丝由点火开关控制通电，且蓄电池及各熔丝盒（SA、SB、SC）有对应区域的供电对象（电器）。

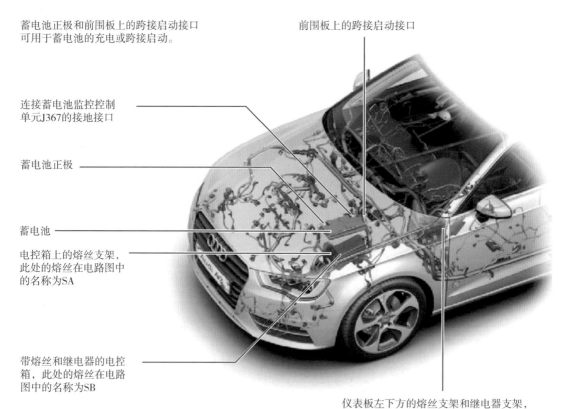

蓄电池正极和前围板上的跨接启动接口可用于蓄电池的充电或跨接启动。

前围板上的跨接启动接口

连接蓄电池监控控制单元J367的接地接口

蓄电池正极

蓄电池

电控箱上的熔丝支架，此处的熔丝在电路图中的名称为SA

带熔丝和继电器的电控箱，此处的熔丝在电路图中的名称为SB

仪表板左下方的熔丝支架和继电器支架，此处的熔丝在电路图中的名称为SC

图 2-1　奥迪 A3 汽车的供电系统

新款捷达轿车的部分供电电路如图2-2、图2-3所示，蓄电池正极（+）向SA熔丝盒中的熔丝供电，然后再通过SA熔丝盒向SB熔丝盒中的熔丝供电。SC熔丝盒中的熔丝有的是通过SA、SB熔丝提供常电，而大多是通过接通点火开关D来获得条件电源。

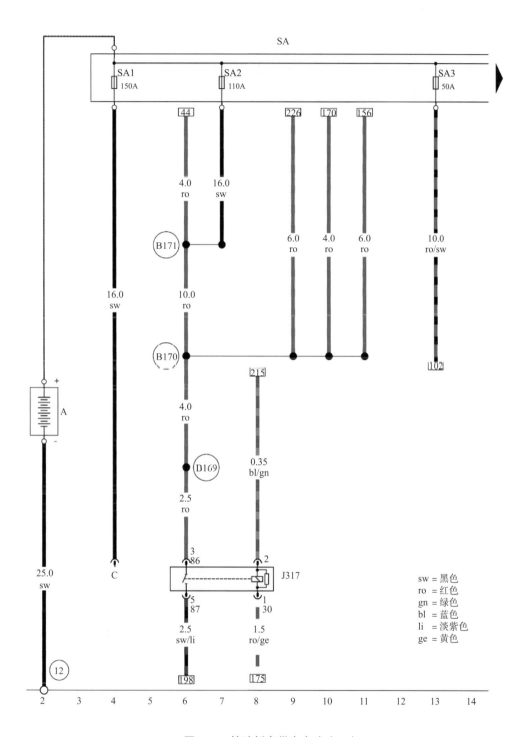

图 2-2　捷达轿车供电电路（一）

A—蓄电池；C—交流发电机；J317—端子 30 供电继电器；SA—熔丝座 A；
SA1—熔丝架 A 上的熔丝 1；SA2—熔丝架 A 上的熔丝 2；SA3—熔丝架 A 上的熔丝 3

sw = 黑色
ro = 红色
gn = 绿色
bl = 蓝色
li = 淡紫色
ge = 黄色

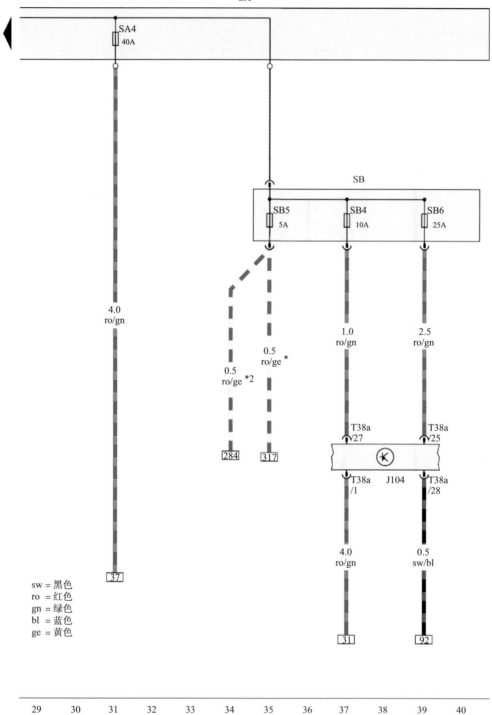

SA

SA4
40A

SB

SB5   SB4   SB6
5A   10A   25A

4.0
ro/gn

0.5
ro/ge *2

0.5
ro/ge *

1.0
ro/gn

2.5
ro/gn

284

317

T38a
/27

T38a
/25

T38a
/1

J104

T38a
/28

4.0
ro/gn

0.5
sw/bl

37

31

92

sw = 黑色
ro = 红色
gn = 绿色
bl = 蓝色
ge = 黄色

29   30   31   32   33   34   35   36   37   38   39   40

图 2-3   捷达轿车供电电路（二）

J104—ABS 控制单元；SA—熔丝座 A；SA4—熔丝架 A 上的熔丝 4；SB—熔丝座 B；SB4—熔丝架 B 上的熔丝 4；
SB5—熔丝架 B 上的熔丝 5；SB6—熔丝架 B 上的熔丝 6；T38a—38 芯插头连接；
*—适用于带高端基本装备（AW1）的车辆；*2—适用于带低端基本装备（AW0）的车辆

二 接地点

由于汽车电路采用单线制，金属车身构成了负极回路，因此接地点安装在车身金属构件上。接地点分发动机舱接地点、驾驶室接地点、行李厢接地点等，相邻的汽车电器或同一电气系统的电器通常共用同一接地点。

接地点又称为搭铁点，接地点一般以大写字母 G（groud）开头，后跟一数字表示某一接地点。接地点在电路图上用特殊符号标出，如三角形、圆圈、从上到下逐渐变短的三条横线等。新款奇瑞瑞虎 5 的部分前舱线束搭铁点分布如图 2-4 所示，G102、G104 的接地线路图如图 2-5 所示。

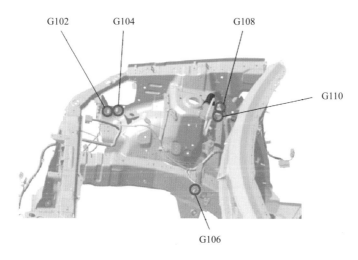

图 2-4　瑞虎 5 部分前舱线束搭铁点分布

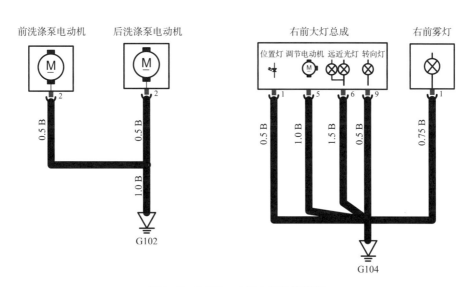

图 2-5　G102、G104 接地线路图

一 充电系统的组成

汽车的充电系统主要由蓄电池、交流发电机（图2-6）、电压调节器、点火开关和充电指示灯等组成。发电机是汽车的主电源，是在发动机的驱动下，将机械能转变为电能，为电气设备供电，给蓄电池充电的装置。

图2-6 交流发电机

二 充电系统的工作原理

如图2-7所示，点火开关处于ON/START位置时，电流通过车身熔丝盒F1熔丝，组合仪表13端，通过充电指示灯，从组合仪表16端输出，到发电机插件E019的1端（IG端）输入发电机，通过内部电压调节器到发电机励磁绕组，励磁绕组通电，产生磁场。

发电机旋转，定子线圈切割磁力线，产生三相感应电动势，通过二极管组成的整流器，转换成直流电一路通过发电机插件E018 B端输

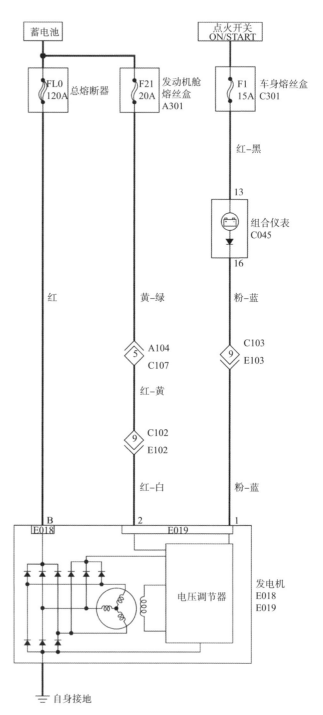

图2-7 充电系统电路

出，经过总熔断器FL0给蓄电池充电，并向其他用电设备提供电能。

发电机提供的电能通过发动机舱熔丝盒F21熔丝，到发电机插件E019的2端（S端）输入发电机电压调节器，调整发电机输出电压和电压调节器之间的压差。

三 充电系统电路示例

具有交流发电机管理系统的充电系统电路如图2-8所示，

发电机通过发动机室熔丝/继电器盒向各种电气系统供电，并给蓄电池充电。如果发动机OFF且点火开关ON，交流发电机接通IG1电源，仪表盘上的充电警告灯ON。而发动机运转时，交流发电机向L端子输入的电压和仪表盘向L端子输出的电压相等，充电警告灯OFF。电压同时用于磁化励磁线圈，定子线圈产生的电压经交流发电机B+端子向蓄电池充电。

交流发电机管理系统通过检测车辆工作状态（加速或减速）、车辆电负荷和蓄电池再充电状态，改善燃油经济性并保持蓄电池在最佳再充电状态。ECM通过交流发电机可以控制产生的电压。

L端子：控制仪表盘内充电警告灯的端子。

FR端子：以PWM信号输出励磁线圈工作状态，监测发电机状态的端子。

C端子：用于产生信号以控制发电机整流电压的端子。

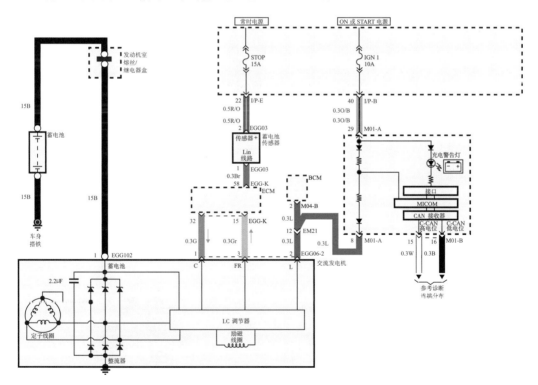

图 2-8 具有交流发电机管理系统的充电系统电路

第三节 启动系统

一 手动挡汽车启动电路

简单的手动挡汽车启动电路如图2-9所示，点火开关是启动系统的控制元件，启动继电器负责接通起动机电磁开关电路。当点火开关打至ST时，点火开关5号供电端子与端子4接通，向启动继电器线圈通电，继电器触点87与30闭合，向起动机电磁开关供电。电磁开关吸合由蓄电池直接向启动电动机通电的触点，使起动机快速运转，启动发动机。

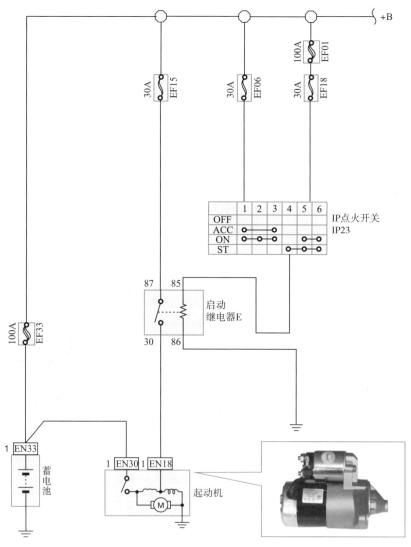

图 2-9 手动挡汽车启动电路

汽车电路识读入门全图解

二 自动挡汽车启动电路

本田理念汽车启动电路如图2-10所示。对于自动变速器车辆，起动机的运行受A/T车型双点画线框中的电路控制。打开点火开关到ST位置时，点火开关的1、3端子闭合，向起动机断电继电器供电。当自动变速箱的挡位开关处于P、N位置时，接通起动机断电继电器励磁线圈电路，继电器闭合，蓄电池电源向起动机S端子供电，起动机通电工作。而M/T车型则是直接由点火开关接通起动机工作电路。

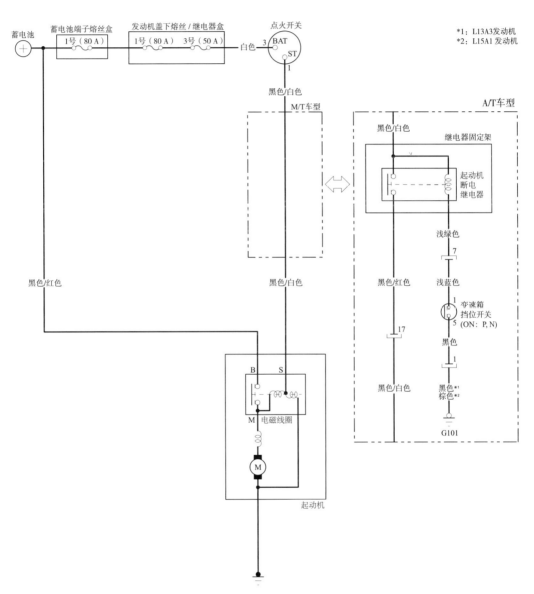

图2-10 本田理念汽车启动电路

第四节 照明和信号系统

一 照明系统

照明系统的作用是在夜间或能见度低的情况下，给驾驶员、乘客和交通管理人员提供照明，对其他车辆的驾驶员和行人进行提示及警告。

照明系统包括灯光开关、远光灯和近光灯、雾灯、示宽灯、室内灯、牌照灯及仪表照明灯等。图2-11所示为上海大众朗逸轿车的大灯（前照灯）与尾灯。前照灯用螺钉安装在水箱上横梁上，前照灯总成包括近光灯、远光灯和示宽灯。尾灯则包括了制动灯、小灯、后转向灯、倒车灯和后雾灯。

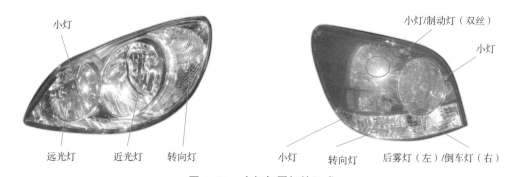

图 2-11　大灯与尾灯的组成

近光灯灯泡及远光灯灯泡通常为卤素灯泡，远光灯灯泡旁有一较小的灯泡用于示宽灯照明。每个卤素灯泡都有灯脚，确保灯泡正确安装。前照灯总成后部由密封橡胶膜覆盖保护，以防水分和灰尘进入。

灯光开关用来控制汽车上各灯具的开启与关闭。大灯开关控制以下外部照明灯具：前照灯、示宽灯、尾灯、前雾灯、后雾灯、仪表板背光照明。按操纵的形式主要有旋钮式和拨杆式两种。旋钮式灯光开关的挡位如图2-12所示。

1 大灯照明电路

福田蒙派克汽车的大灯照明控制电路如图2-13所示。

（1）近光灯　蓄电池电源通过发动机舱熔丝盒中熔断器FL3，到大灯继电器R3端子1和5，通过继电器R3线圈，到组合开关端子13。当组合开关处于大灯位置（近光）时，电流通过组合开关端子16接地。

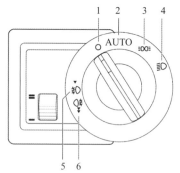

图 2-12　旋钮式灯光开关的挡位
1—大灯开关关闭位置；2—自动灯位置；
3—示宽灯和尾灯开关位置；4—前照灯位置；
5—后雾灯开启；6—前雾灯开启

汽车电路识读入门全图解

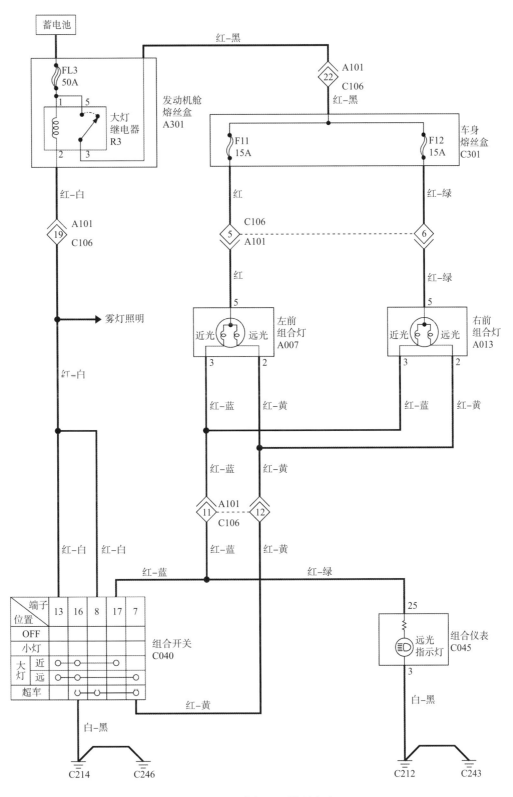

图 2-13　大灯照明控制电路

端子位置	13	16	8	17	7	
OFF						组合开关 C040
小灯						
大灯 近	○	○	○			
大灯 远	○	○		○		
超车	○	○	○	○		

继电器R3线圈通电产生磁场，继电器触点闭合，电流通过继电器触点，到车身熔丝盒中熔丝F11和F12，分别到左前组合灯端子5和右前组合灯端子5，通过两根近光灯丝，到组合开关端子17，通过端子16接地，左、右近光灯工作。

（2）远光灯　当组合开关处于大灯位置（远光）时，电流通过组合开关端子16接地。继电器R3线圈通电产生磁场，继电器R3触点闭合，电流通过继电器R3触点，到车身熔丝盒中熔丝F11和F12，分别到左前组合灯端子5和右前组合灯端子5，通过两根远光灯丝，到组合开关端子7，通过端子16接地，左、右远光灯工作。

（3）远光指示灯

①组合开关处于大灯位置（近光）时，组合开关端子17接地，故远光指示灯两端电位相同，指示灯不工作。

②组合开关处于大灯位置（远光）时，组合开关端子17处于断路状态，即处于高电位状态，故电流可流向组合仪表端子25，通过远光指示灯，由组合仪表端子3接地，远光指示灯工作。

由于两个近光灯与远光指示灯处于串联状态，经过近光灯的功率不足以使其工作，所以近光灯不处于工作状态（但有电流通过）。

（4）超车灯　蓄电池电源通过发动机舱熔丝盒中熔断器FL3，到大灯继电器R3端子1和5，通过继电器R3线圈，到组合开关端子8。当组合开关处于超车灯位置时，电流通过组合开关端子16接地。继电器R3线圈通电产生磁场，继电器触点闭合，电流通过继电器触点到车身熔丝盒中熔丝F11和F12，分别到左前组合灯端子5和右前组合灯端子5，通过两根远光灯丝，到组合开关端子7，通过端子16接地，超车灯工作。

2 ▶ 小灯照明电路

福田蒙派克汽车的小灯照明控制电路如图2-14所示。

蓄电池电源经过发动机舱熔丝盒中熔断器FL1（或者FL6）到小灯继电器R4端子2和5，通过继电器线圈到组合开关端子14。当组合开关处于小灯或大灯位置时，电流通过组合开关端子16接地。继电器R4线圈通电产生磁场，继电器触点闭合。电流通过继电器R4触点，到车身熔丝盒中熔丝F18，通过熔丝：①分别到左前组合灯端子1和右前组合灯端子1，通过灯丝分别从左前组合灯端子4和右前组合灯端子4接地，左、右示宽灯工作；②分别到左后组合灯端子1和右后组合灯端子1，通过灯丝分别从左后组合灯端子4和右后组合灯端子4接地，左、右尾灯工作；③到牌照灯端子1，通过灯丝从牌照灯端子2接地，牌照灯工作。

3 ▶ 大灯高度调整系统电路

目前越来越多的车辆配备了大灯高度调整系统，它根据车辆的驾驶环境和负载条件调整大灯光照点（上/下）位置，从而提供良好的能见度范围和提高驾驶安全性。

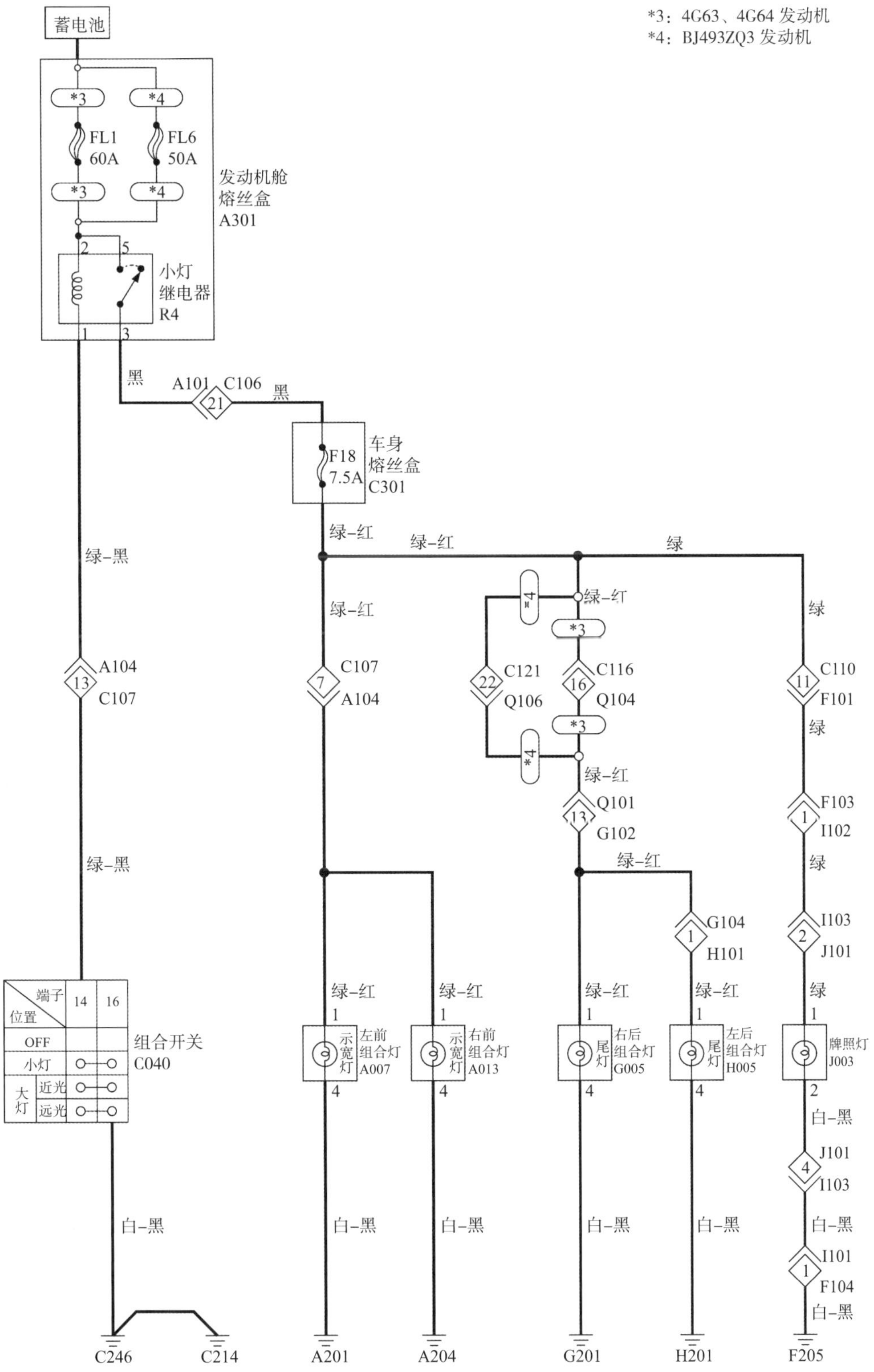

蓄电池

*3：4G63、4G64 发动机
*4：BJ493ZQ3 发动机

*3 *4

FL1 60A FL6 50A

*3 *4

发动机舱熔丝盒 A301

2 5 小灯继电器 R4
1 3

黑 A101 C106 黑
21

F18 7.5A 车身熔丝盒 C301

绿-红 绿-红 绿

绿-红 *4 绿-红 绿

绿-黑 *3

C107 C121 C116 C110
7 22 16 11
A104 Q106 Q104 F101

A104 *3 绿
13 *4
C107 绿-红

Q101 F103
13 1
G102 I102

绿-黑 绿-红 绿

I103
2
J101

G104 绿
1
H101

绿-红 绿-红 绿-红 绿-红 绿

端子位置	14	16	
OFF			组合开关 C040
小灯	○—○	○—○	
大灯 近光	○—○	○—○	
远光	○—○	○—○	

1 1 1 1 1
示宽灯 左前组合灯 A007 示宽灯 右前组合灯 A013 尾灯 右后组合灯 G005 尾灯 左后组合灯 H005 牌照灯 J003
4 4 4 4 2

白-黑

J101
4
I103

白-黑

I101
1
F104

白-黑 白-黑 白-黑 白-黑 白-黑

C246 C214 A201 A204 G201 H201 F205

图 2-14　小灯照明控制电路

如图2-15所示，大灯的水平高度是通过驾驶室内仪表板左侧的大灯水平调节开关调整的。调节开关控制前组合灯上的左、右高度调节电动机，从而实现前照灯的水平高度调节。

图 2-15　大灯水平调节开关

起亚K2轿车的大灯水平调整电路如图2-16所示。打开点火开关时，ON电源通过熔丝向大灯水平调整执行器（电动机）端子9及大灯水平调整开关端子3供电，这时可在0~6级范围内转动大灯水平调整开关。调整开关在不同的挡位向水平调整执行器端子8输出可变电压信号，执行器根据此信号改变大灯照射高度。

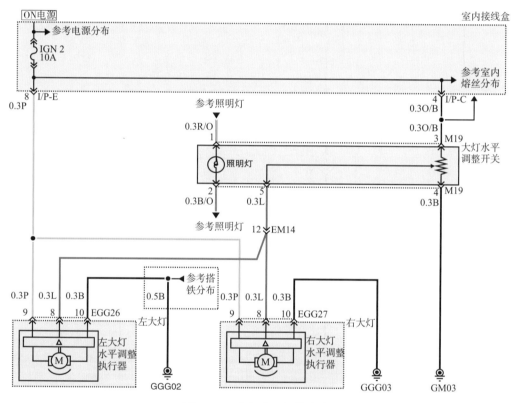

图 2-16　大灯水平调整电路

4　雾灯电路

（1）前雾灯电路　前雾灯安装在前保险杠上，一般靠三个安装点与保险杠后部连接。图2-17所示为前雾灯的安装位置及雾灯开关（包括前、后雾灯开关）。

雾灯控制电路如图2-18所示。打开前雾灯开关，前雾灯将在示宽灯或前照灯打开时工作。如果大灯开关返回至关闭位置，前雾灯将熄灭。只要前雾灯打开，前雾灯信号灯就会在仪表单元亮灯以提示驾驶员。

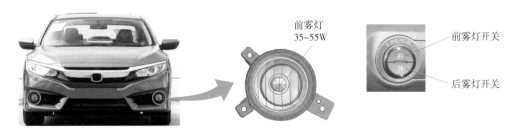

图 2-17　前雾灯的安装位置及雾灯开关

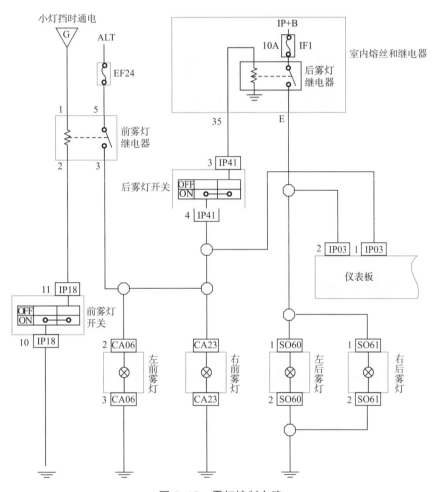

图 2-18　雾灯控制电路

（2）后雾灯电路　轿车的后雾灯一般只有一个，有的则包括左右两个。如果只有一个，则后雾灯和倒车灯左右对称地安装在后保险杠上。图2-19所示为一个后雾灯在车上的安装位置。

后雾灯在近光或前雾灯打开时，大灯开关被拉至第二个锁定位置（开启后雾灯）且打开点火开关后工作。如果大灯开关返回至第一个锁定位置，后雾灯将熄灭。只要后雾灯打开，后雾灯信号灯就会在仪表单元亮灯以提示驾驶员。

由图2-18所示的雾灯控制电路可知，后雾灯受前雾灯控制，只有打开前雾灯后，后

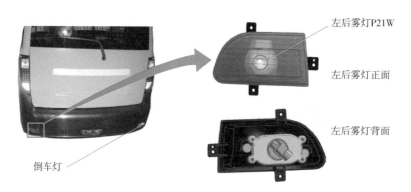

左后雾灯P21W

左后雾灯正面

左后雾灯背面

倒车灯

图2-19　后雾灯安装位置

雾灯才能点亮。要开启后雾灯，首先打开前雾灯开关才能使后雾灯开关通电，然后再打开后雾灯开关，后雾灯继电器工作，闭合后雾灯供电电路。蓄电池供电经熔丝IF1→后雾灯继电器触点→后雾灯及组合仪表，同时点亮后雾灯及仪表板上的后雾灯指示灯。

⑤ 室内灯电路

室内灯包括阅读灯、手套箱灯、化妆镜灯、中央室内灯（顶灯）、行李厢灯、仪表板和钥匙照明灯等。

（1）阅读灯　前阅读灯装在风窗玻璃上方正中央的车顶内饰板处。如图2-20所示，前阅读灯总成有一个控制阅读灯的点动式开关和两个控制地图阅读灯的自锁式开关。灯安装在一个塑料壳体上，上面还有天窗开关和车载免提电话系统的蓝牙麦克风（如安装）。整个装置用连接器和车顶线束连接。

阅读灯的挡位开关分OFF、ON、DOOR三个挡位：OFF阅读灯关闭，开关在此位置，灯光熄灭；ON阅读灯打开，开关在此位置，灯光打开；DOOR阅读灯由门控开关控制，开关在此位置，车门打开时阅读灯亮，关闭车门，阅读灯延时熄灭。

（2）顶灯　顶灯位于车顶内饰板后部的中心位置上，用3针（低配）或4针（高配）连接器将总成与车顶线束连接。图2-21所示为顶灯及顶灯开关，顶灯开关也有三个挡位：OFF顶灯关闭，开关在此位置时，顶灯熄灭；ON顶灯打开，开关在此位置时，顶灯点亮；DOOR顶灯由门控开关控制，开关在此位置时，车门打开顶灯亮，关闭车门，顶灯延时10s熄灭。

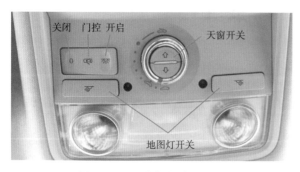

关闭　门控　开启

天窗开关

地图灯开关

图2-20　天窗与阅读灯开关

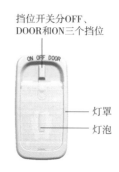

挡位开关分OFF、DOOR和ON三个挡位

ON OFF DOOR

灯罩

灯泡

图2-21　顶灯及顶灯开关

（3）阅读灯和顶灯的控制方式

①门控开关控制 阅读灯、顶灯的门控开关控制原理如图2-22所示，当阅读灯、顶灯挡位开关拨到门控开关控制位置（DOOR）时，打开任一车门，控制模块（中央门锁控制器）检测到车门开启信号，然后控制DOOR电路接地，使阅读灯、顶灯点亮。如果DOOR电路不受中间模块控制，则直接与门控开关电路串联，当车门开启时，门灯开关闭合，DOOR电路直接搭铁。

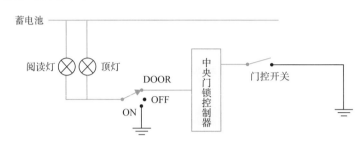

图2-22 门控开关控制原理

②开关单独控制 阅读灯、顶灯的开关单独控制原理如图2-23所示，当阅读灯、顶灯挡位开关拨到打开位置（ON）时，阅读灯、顶灯会点亮，开关拨到关闭位置（OFF）时，阅读灯、顶灯熄灭。这时，阅读灯和顶灯的工作状态与门控开关是无关的。

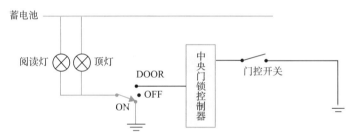

图2-23 开关单独控制原理

③延时控制 阅读灯、顶灯的延时控制原理如图2-24所示，当阅读灯、顶灯挡位开关拨到门控开关控制位置（DOOR）时，打开车门后阅读灯、顶灯会点亮，关闭车门后阅读灯、顶灯会延时10s熄灭。延迟熄灭时间是由计时电路控制的。

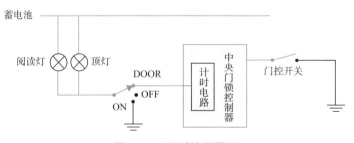

图2-24 延时控制原理

（4）室内灯照明电路 福田蒙派克汽车的室内灯照明电路如图2-25所示。

①前室内顶灯 蓄电池电源经过发动机舱熔丝盒中熔断器FL3，到车身熔丝盒中熔丝

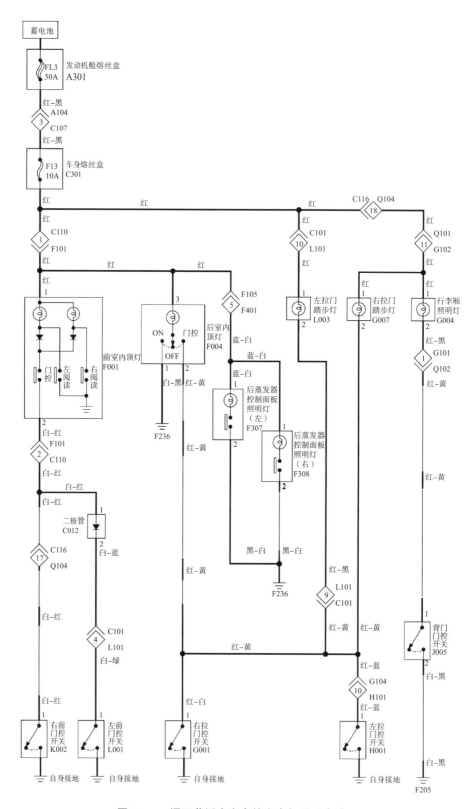

图 2-25　福田蒙派克汽车的室内灯照明电路

F13，通过熔丝到前室内顶灯端子1，按下左、右阅读灯开关，通过开关接地，前室内顶灯处于工作状态。

左、右前车门中任何一扇车门处于未关闭状态，则门控开关处于接通状态。若前室内顶灯门控开关处于接通位置，则电流通过灯丝，从前室内顶灯端子2流出，通过门控开关接地，前室内顶灯处于工作状态。

②后室内顶灯　蓄电池电源经过发动机舱熔丝盒中熔断器FL3，到车身熔丝盒中熔丝F13，通过熔丝到后室内顶灯端子3，按下后室内顶灯开关，通过后室内顶灯端子1接地，后室内顶灯处于工作状态。

左、右拉车门中任何一扇车门处于未关闭状态，则门控开关处于接通状态。若后室内顶灯门控开关处于接通位置，则电流通过灯丝，从后室内顶灯端子2流出，通过门控开关接地，后室内顶灯处于工作状态。

③左、右拉门踏步灯　蓄电池电源通过熔丝到左、右拉门踏步灯端子1，左、右拉车门中任何一扇车门处于未关闭状态，则门控开关处于接通状态，电流通过灯丝，从左、右拉门踏步灯端子2流出，通过门控开关接地，左、右拉门踏步灯处于工作状态。

④行李厢照明灯　蓄电池电源通过熔丝到行李厢照明灯端子1，背门处于未关闭状态，则门控开关处于接通状态，电流通过灯丝，从行李厢照明灯端子2流出，通过门控开关接地，行李厢照明灯处于工作状态。

⑤后蒸发器控制面板照明灯　蓄电池电源通过熔丝分别到后蒸发器控制面板照明灯（左）端子1和后蒸发器控制面板照明灯（右）端子1，开关处于闭合状态时，电流通过灯丝，到后蒸发器控制面板照明灯（左）端子2和后蒸发器控制面板照明灯（右）端子2后接地，照明灯工作。

（5）背光调节电路　图2-26所示为背景灯变光调节电路，其控制原理如下。

背景灯变光调节电路由位置灯继电器供电，电路图中三角形符号内的A表示该导线与位置灯继电器输出导线相接。背景灯的供电电压由背景灯调节开关调节，经调节后输出的电压接近输入电压时，背景灯亮度大，输出的电压越小，则背景灯越暗。

背景灯通常采用LED，LED为所有开关、面板和仪表板提供照明。背景灯包括空调面板照明灯、仪表照明灯、音响主机照明灯、危险警示灯开关照明灯等，这些变光灯主要分布在汽车电器的控制面板、仪表照明和控制开关上，有利于开启小灯挡后，方便驾驶员和乘客在昏暗的环境下或夜晚找到电器操作点，并且读取汽车状态信息，同时也有利于行车安全。

二　信号系统

1　转向灯与危险警示灯电路

转向灯与危险警示灯电路包括闪光继电器、转向灯开关、危险警示灯开关、左转向灯（包括左前、左侧、左后转向灯）及右转向灯（包括右前、右侧、右后转向灯）等。转向灯开关与危险警示灯开关如图2-27所示。

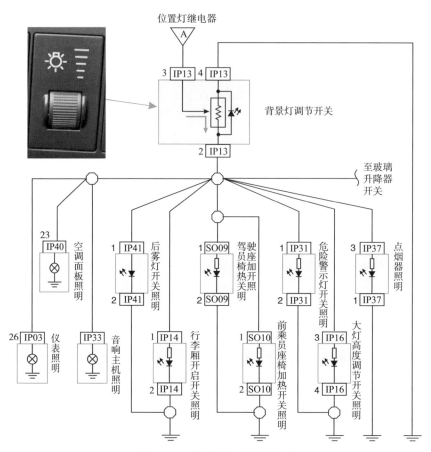

图 2-26 背景灯变光调节电路

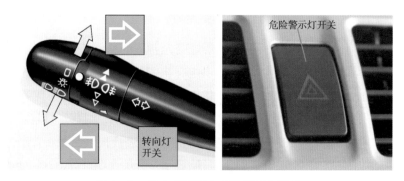

图 2-27 转向灯开关与危险警示灯开关

转向灯电路需要打开点火开关才能工作，而危险警示灯可在任何情况下按下危险警示灯开关来开启。

（1）转向灯控制　转向灯开关有三个挡位，即关闭（OFF）、左转向（L）和右转向（R）。当转向灯开关位于OFF挡时，左、右转向灯电路全断开，转向灯全不亮。如图2-28所示，当打开左转向灯开关时，转向灯开关向闪光继电器的15L端子输出搭铁（左转向）信号。闪光继电器工作，通过端子L向左转向灯电路输出电流，通过闪光继电器的作用，左转向灯开始闪烁。

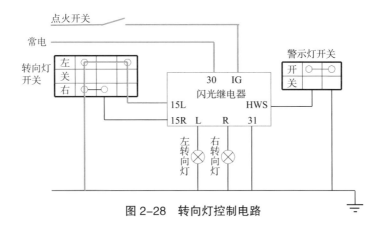

图 2-28　转向灯控制电路

（2）危险警示灯控制　如图2-29所示，当遇到紧急情况时，按下危险警示灯开关，闪光继电器端子HWS通过警示灯开关接地，即警示灯开关向闪光继电器输入开启警示灯的请求信号。此时，无论转向灯开关处于何位置，闪光继电器同时向左、右转向灯电路输出闪光控制信号，左、右转向灯同时闪烁，并且闪光频率比转向时快很多。

警示灯控制电路的供电与点火开关状态无关，这是因为蓄电池给闪光继电器30号端子供有常电，在使用警示灯时，按动警示灯开关，转向灯就能闪烁。

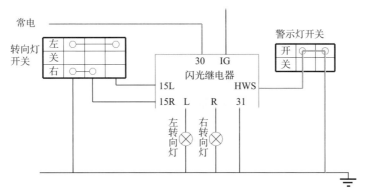

图 2-29　警示灯控制电路

（3）转向灯与危险警示灯电路示例　福田汽车的转向灯与危险警示灯电路如图2-30所示。

①系统供电　蓄电池电源经过发动机舱熔丝盒中熔丝F23，通过熔丝，到闪光继电器端子1，提供闪光继电器电源。点火开关处于ON/START位置，电流通过车身熔丝盒中熔丝F5，通过熔丝到危险警示灯开关端子10，危险警示灯开关处于关闭位置时，电流从危险警示灯开关端子7输出，到闪光继电器端子9，提供闪光继电器工作信号。

②左转向灯　转向灯开关处于左转向位置时，电流从闪光继电器端子12输出，到转向灯开关端子2，通过转向灯开关从端子1输出，分成四路至左前转向灯、左后转向灯、左侧转向灯、组合仪表的左转向指示灯，左转向灯工作。

③右转向灯　转向灯开关处于右转向位置时，电流从闪光继电器端子12输出，到转

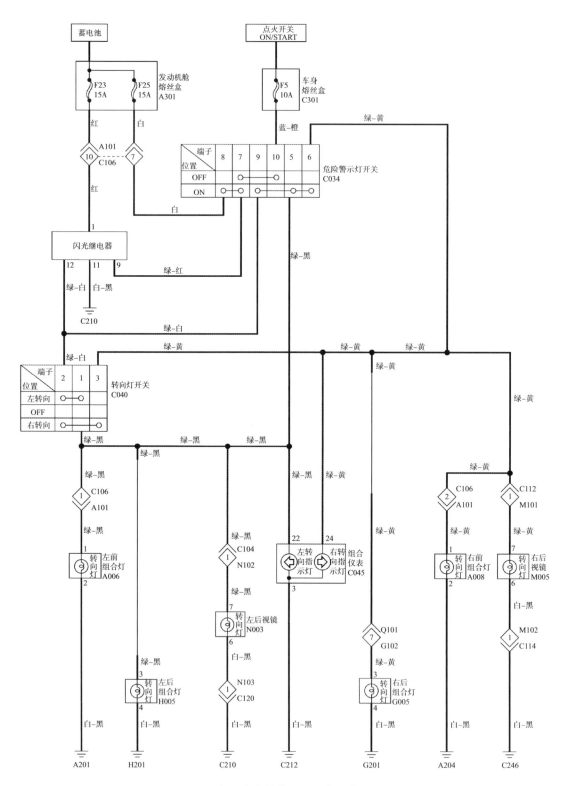

图 2-30 福田汽车的转向灯与危险警示灯电路

汽车电路识读入门全图解

向灯开关端子2，通过转向灯开关从端子3输出，分成四路至右前转向灯、右后转向灯、右侧转向灯、组合仪表的右转向指示灯，右转向灯工作。

④危险警示灯　按下危险警示灯开关，蓄电池电源通过发动机舱熔丝盒中熔丝F25，到危险警示灯开关端子8，从危险警示灯开关端子7输出，到闪光继电器端子9，提供闪光继电器工作信号；电流从闪光继电器端子12输出，到危险警示灯开关端子9输入，分别从危险警示灯开关端子5和端子6输出，危险警示灯闪烁。

2> 制动灯电路

制动灯电路包括制动灯熔丝、制动灯开关、左后尾灯中的制动灯、右后尾灯中的制动灯和高位制动灯等。图2-31所示为制动灯开关及电路。开关F和F47的工作状态是相反的，踩下制动踏板时，制动灯开关F闭合，F47则断开。制动灯电路如图2-32所示。

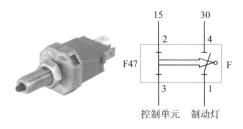

图 2-31　制动灯开关及电路

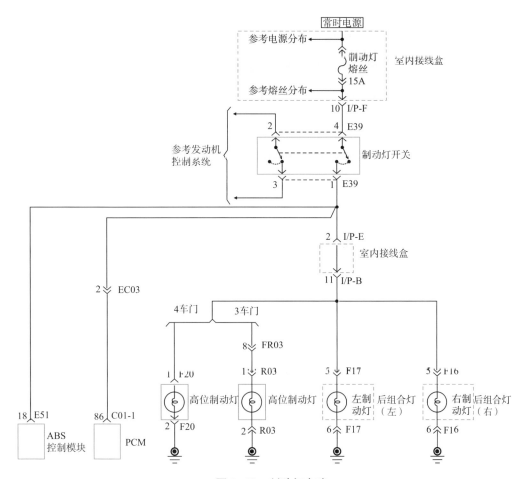

图 2-32　制动灯电路

制动灯电路的控制原理如下。当需要制动时，踏下制动踏板，制动灯开关自动接通，松开踏板，制动灯开关自动断开。当制动灯开关接通时，蓄电池电源通过室内熔丝盒中的制动灯熔丝（15A）通过制动灯开关闭合触点向各制动灯供电，汽车后部的制动灯发出醒目的红光。与此同时，制动灯开关向ABS控制模块和发动机PCM提供制动信号。

3 倒车灯电路

倒车灯的作用一个是倒车时为汽车后部提供照明，有足够的光线使驾驶员能够通过后视镜观察到后方情况；另一个是与倒车蜂鸣器（如果有）一起提醒汽车后方人员或车辆驾驶员注意倒车。

倒车灯电路包括倒车灯开关、倒车灯和蜂鸣器。倒车灯电路如图2-33所示，该电路受点火开关控制。

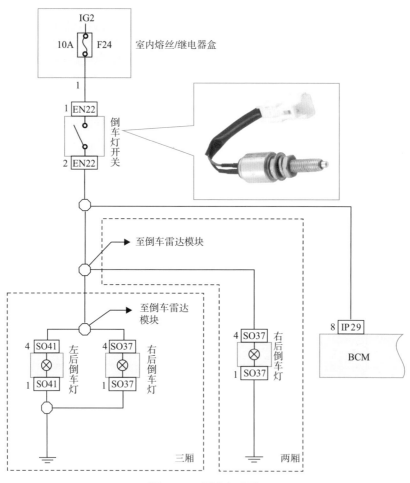

图2-33 倒车灯电路

倒车灯电路的控制原理如下。当需要倒车，且点火开关打开（IG2有电）时，将变速箱挂入倒挡，倒车灯开关（倒挡开关）自动接合，倒车灯电路接通，倒车灯亮。同时，倒车灯电路向BCM的端子8输出倒车信号。由于BCM中配有蜂鸣器，因此BCM控制蜂鸣器鸣响。

4 喇叭电路

五菱宏光S1的喇叭电路如图2-34所示，该电路系统包括喇叭继电器、喇叭按钮开关和电喇叭，由图可知，喇叭电路是不受点火开关控制的。

喇叭电路的控制原理如下。当按下转向盘上的喇叭开关时，喇叭开关闭合，喇叭继电器线圈电路接通，工作电流从蓄电池正极B+→熔丝F106→喇叭继电器线圈→转向盘气囊线圈→喇叭开关→G206搭铁→蓄电池负极，喇叭继电器闭合，喇叭电路接通，喇叭发出声响，喇叭电路电流从蓄电池正极→熔丝F106→喇叭继电器触点→喇叭→G101搭铁→蓄电池负极。

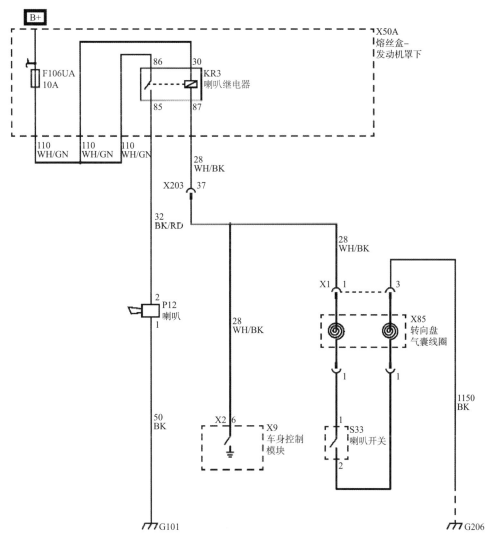

图 2-34　喇叭电路

第五节　辅助电器

一　电动车窗电路

电动车窗可使驾驶员或乘员坐在座位上时，就能利用电动车窗开关使车门玻璃自动升降，便于操作，并有利于行车安全。

1　电动车窗的作用与组成

电动车窗是通过伺服电动机和升降机构来驱动车窗玻璃升降的装置。如图 2-35 所示，电动车窗系统由电动车窗开关、车窗玻璃、车窗调节器（玻璃升降器）、车窗电动机、继电器及其控制电路组成。

有些汽车的主控开关备有车窗锁止开关，可以切断其他各车窗的电源，使每个车窗的操作开关不起作用，这个开关只能由驾驶员一人操作。

如图 2-36 所示，常见的车窗玻璃升降器有钢丝拉索式、交叉臂式和单臂式三种，其中交叉臂式玻璃升降器一般用在前门，单臂式玻璃升降器用在后门。

电动车窗系统通常采用永磁式直流电动机，永磁式直流电动机通过改变电枢的电流方向来改变电动机的旋转方向使车窗玻璃上升或下降。车窗开关既控制电动机的电源线，又控制电动机的搭铁线，所以开关结构和电路比较复杂。永磁式直流电动机结构简单，应用比较广泛。

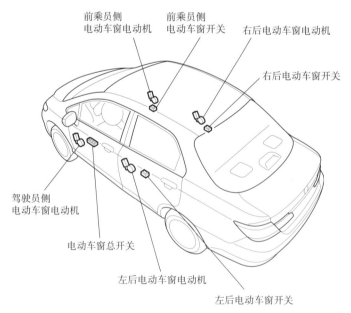

图 2-35　电动车窗系统的组成

（a）钢丝拉索式

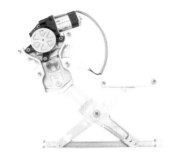
（b）交叉臂式

（c）单臂式

图 2-36　常见车窗玻璃升降器类型

2　电动车窗防夹功能

　　智能车窗升降电动机具有防夹功能，以免伤到身体部分（手）。在所期望的最高或最低点未被车窗控制单元检测到之前，电动机工作电流上的任意增加都会被假定为有障碍物存在。若在车窗升起时发生此种情况，则电动机极性会自动反转，从而使车窗打开。

　　如图 2-37 所示，本田飞度的驾驶员侧电动车窗电动机内置了一个脉冲发生器，该脉冲发生器在电动机工作时产生脉冲并将脉冲发送至驾驶员侧电动车窗控制单元。一旦电动

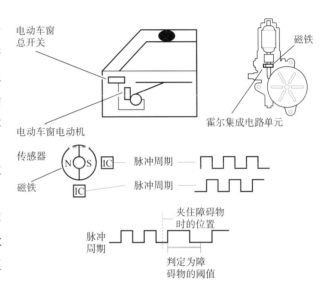

图 2-37　本田飞度电动车窗防夹原理

车窗控制单元未检测到来自脉冲发生器的脉冲，驾驶员侧电动车窗控制单元就立即使电动车窗电动机停止并反向运转。如果车窗已经关闭了大半，它将自动回到半开位置。如果车窗关闭了不到一半，它将停止并回到约70mm的位置。这样可避免在自动上升时夹住障碍物。

3　电动车窗电路示例

　　本田理念轿车的电动车窗系统电路如图 2-38 和图 2-39 所示。

　　打开点火开关时，接通 IG1、IG2 电源。IG1 电源向电动车窗继电器提供点火信号，继电器工作，蓄电池向驾驶员侧电动车窗开关供电；IG2 电源向电动车窗总开关中的前乘员侧、左后、右后车窗开关及它们各自的分开关供电。

　　在不操作电动车窗开关时，各车窗电动机的两端接地。操作车窗开关时，就会使车

窗电动机的一端接通电源正极，使车窗电动机正转或反转，实现车窗玻璃的升降。

　　如果电动车窗总开关的锁止开关在锁止位置，操作车窗开关只能实现驾驶席车窗玻璃的升降，而不能实现其他车窗玻璃的升降。这是因为切断了其他车窗升降电动机的接地回路。

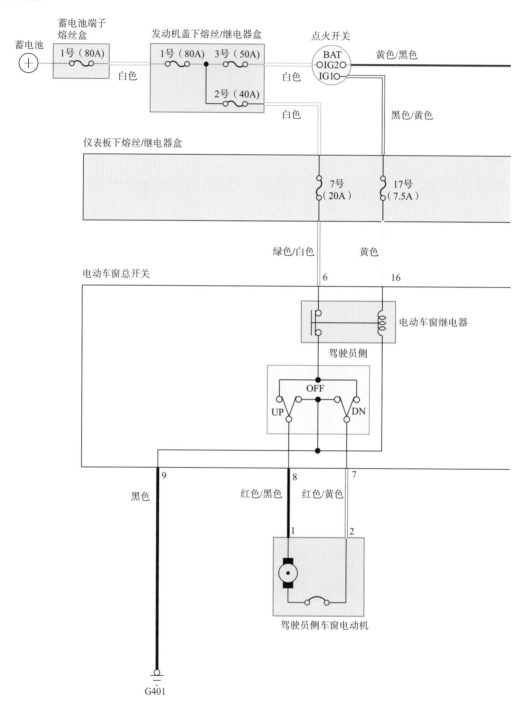

图2-38　本田理念轿车电动车窗系统电路（一）

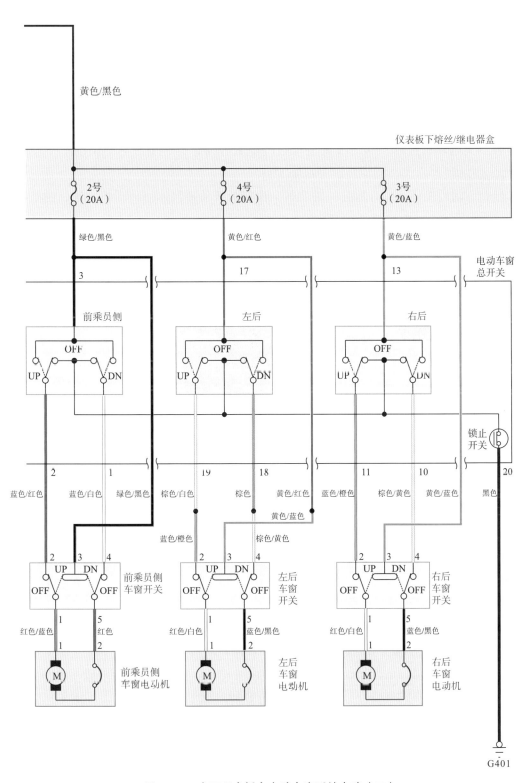

黄色/黑色

仪表板下熔丝/继电器盒

2号
(20A)

4号
(20A)

3号
(20A)

绿色/黑色

黄色/红色

黄色/蓝色

电动车窗
总开关

3

17

13

前乘员侧

左后

右后

OFF

OFF

OFF

UP

DN

UP

DN

UP

DN

锁止
开关

2 1

19 18

11 10

20

蓝色/红色 蓝色/白色 绿色/黑色

棕色/白色 棕色 黄色/红色

蓝色/橙色 棕色/黄色 黄色/蓝色

黑色

黄色/蓝色

蓝色/橙色

棕色/黄色

2 3 4

2 3 4

2 3 4

UP DN

UP DN

UP DN

OFF OFF

前乘员侧
车窗开关

OFF OFF

左后
车窗开关

OFF OFF

右后
车窗开关

红色/蓝色 1

红色 5

红色/白色 1

蓝色/黑色 5

红色/白色 1

蓝色/黑色 5

1 2

1 2

1 2

M 前乘员侧
车窗电动机

M 左后
车窗
电动机

M 右后
车窗
电动机

G401

图 2-39 本田理念轿车电动车窗系统电路（二）

二 电动后视镜电路

汽车上的后视镜位置直接关系到驾驶员能否观察到车后的情况，与行车的安全性有着密切的联系。而手动后视镜的调整一般来说比较麻烦，若采用电动后视镜，可通过开关进行调整，操作起来十分方便。

电动后视镜及调节开关如图2-40所示。电动后视镜的背后装有两套电动机和驱动器，可操纵反射镜上下及左右转动。通常上下方向的转动用一套电动机控制，左右方向的转动由另一套电动机控制。通过改变电动机的电流方向，即可完成后视镜的上下及左右调整。

有的电动后视镜还带有折叠伸缩功能，由折叠开关控制伸缩电动机工作，使整个后视镜伸缩或折叠。

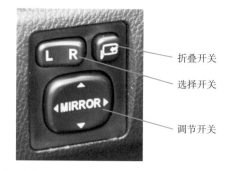

图2-40 电动后视镜及调节开关

（1）电动后视镜调节电路 图2-41所示为电动后视镜调节电路，由图可知，只有打开点火开关，接通ACC/ON电源时才能操作电动后视镜。

外后视镜选择开关用来选择左侧或右侧外后视镜。完成选择时，即完成了电路连接。通过按压调节开关上的圆形四向调节开关的相应部分，可以调整镜片所需方位，完成外后视镜的调节。例如，调整左后视镜时，选择开关打向左边，此时开关分别与端子4、6接通，再通过调节开关即可进行该镜的上下或左右调整。

（2）电动后视镜折叠电路 图2-42所示为电动后视镜折叠电路。该电路通过熔丝接常时电源，即不受点火开关控制。

当按下后视镜折叠开关时，电流从折叠开关端子11→折叠开关端子8→左、右后视镜折叠电动机端子5→左、右后视镜折叠电动机端子6→折叠开关端子9→折叠开关端子10→G10搭铁点。此时左、右后视镜折叠电动机同时工作，完成后视镜的收缩折叠。

当反向按下后视镜折叠开关时，电流从折叠开关端子11→折叠开关端子9→左、右后视镜折叠电动机端子6→左、右后视镜折叠电动机端子5→折叠开关端子8→折叠开关端子10→G10搭铁点。此时左、右后视镜折叠电动机同时工作，完成后视镜的张开动作。

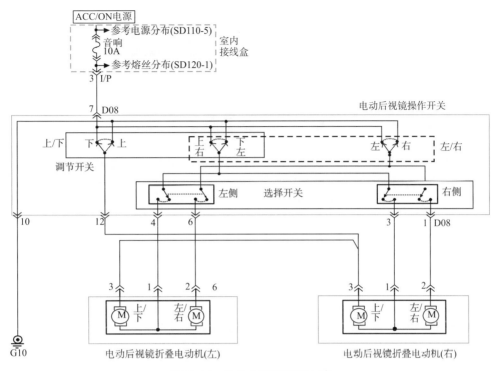

图2-41　电动后视镜调节电路

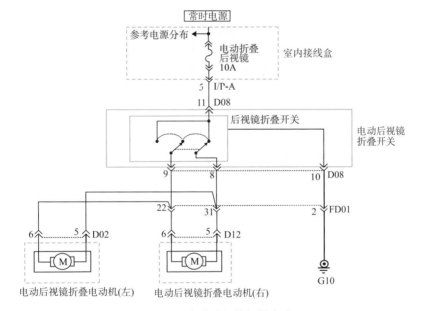

图2-42　电动后视镜折叠电路

（3）外后视镜加热电路　加热外后视镜镜片是为了避免镜面出现薄雾。加热元件位于镜片后部，并在后风窗加热时一起工作。两个位于镜片后部的接线端子将加热元件与车门线束连接起来。如图2-43所示，当按下后视镜加热/后风窗除霜开关，请求后风窗加热时，同时外后视镜加热器开始工作。

图 2-43　后视镜加热/后风窗除霜开关

图 2-44所示为后视镜加热/后风窗除霜电路。

后视镜除霜：点火开关处于ON/START位置，电流到车身熔丝盒中熔丝F1，通过熔丝，分别到左后视镜端子9和右后视镜端子9，通过电热丝，从左后视镜端子8和右后视镜端子8输出，到电动后视镜除霜开关端子3，按下电动后视镜除霜开关，通过电动后视镜除霜开关端子6接地，左、右后视镜内加热丝处于工作状态，且后视镜除霜开关上的指示灯亮起。

后风窗除霜：点火开关处于ON/START位置，电流到车身熔丝盒中熔丝F1，通过熔丝，到除霜继电器R8端子2，通过线圈，到后除霜开关端子3，按下后除霜开关，电流从后除霜开关端子6接地；除霜继电器R8线圈通电产生磁场，除霜继电器R8触点闭合；蓄电池电流到发动机舱熔丝盒中熔断器FL6，通过熔断器，到车身熔丝盒中熔丝F20，到除霜继电器R8端子5，通过除霜继电器R8触点，从除霜继电器R8端子3输出，然后分两种配置——配备拉杆天线，直接到后窗除霜器，通过加热丝后接地，后窗除霜器处于工作状态；配备玻璃天线，到天线放大器端子4，从天线放大器端子3输出，到后窗除霜器，通过加热丝后接地，后窗除霜器处于工作状态。

三 电动座椅调节电路

汽车座椅的主要功能是为驾驶员提供便于操作、舒适而又安全的驾驶位置，以及为乘员提供不易疲劳、舒适而又安全的乘坐位置。

驾驶员电动座椅的调节可通过使用位于座椅外侧饰板上的驾驶员座椅开关盒来实现。以满足个人需求。而该座椅具有向前/向后移动，高度变化，以及靠背倾斜角度等电动调整方式。当点火开关位于ACC/ON挡时，便可对座椅进行调节。

由图 2-45可知，该电路由电动座椅调节开关、靠背调节电动机、高度调节电动机和前后调节电动机组成，可调节座椅前后移动，调节座椅的高度，靠背向前或向后倾斜。旋转或推动调节开关时，电动座椅电路通过熔丝EF15由蓄电池供电，调节开关控制电动机的正、负极，使电动机正转或反转，达到调节座椅位置的目的。

各电动机均可从开关盒上接收12V电源并接地。根据对座椅不同的调节要求，电源将供给被选定的电动机并驱动其工作。当座椅在任一调整方向上达到其最大调整位置时，该电动机内的热保护切断开关将会自动切断电源供给，以保护该电动机。

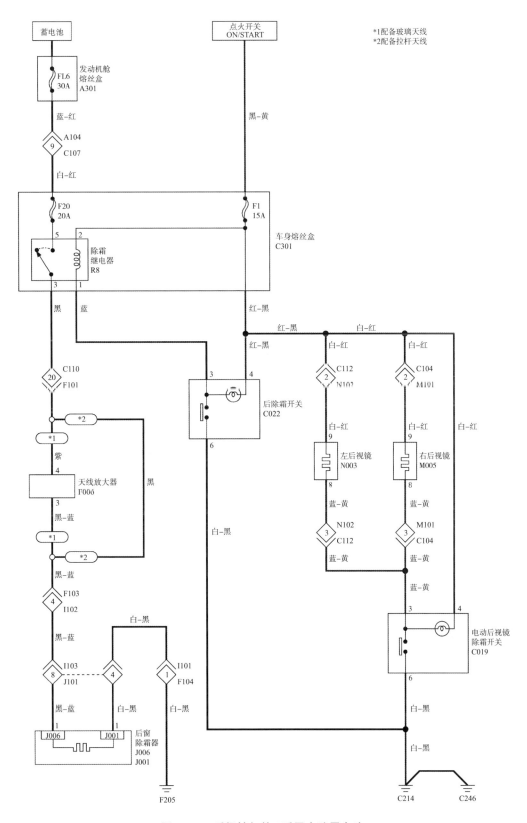

图 2-44　后视镜加热 / 后风窗除霜电路

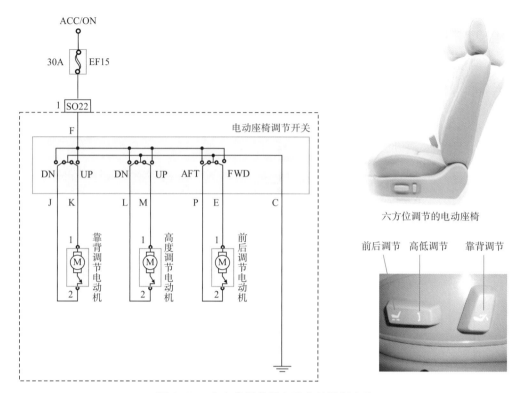

图 2-45 六方位调节的电动座椅控制电路

六方位调节的电动座椅

前后调节　高低调节　靠背调节

四　中控门锁电路

1　中控门锁系统的功能

为了使汽车的使用更加安全和方便，现代轿车多数都安装了中控门锁系统。中控门锁是指通过设在驾驶员侧车门上的开关或通信设备，来同时控制车门的关闭与开启的一种控制装置。装置中控门锁后可实现下列功能。

①中央控制　当驾驶员锁住其身边的车门时，其他车门也同时锁住，驾驶员可通过门锁开关同时打开各个车门，也可单独打开某个车门。

②车速控制　当行车速度达到一定时，各个车门能自动落锁，防止乘员误操作车门把手而导致车门打开。

③单独控制　除在驾驶员侧车门以外，还在其他车门设置单独的弹簧锁开关（门提），可独立地控制一个车门的打开和锁住。

④遥控功能　在具有遥控功能的中控门锁系统中，通过按下遥控器上的开锁与闭锁键，便可以使全部车门开锁或闭锁。

简单的中控门锁电路如图2-46所示。利用中控锁开关可以接通或断开门锁继电器，门锁继电器包括锁止和开锁两个继电器。它有两个功能：一个是将电源电压施加于电动机；另一个是使电动机另一端搭铁，形成回路。

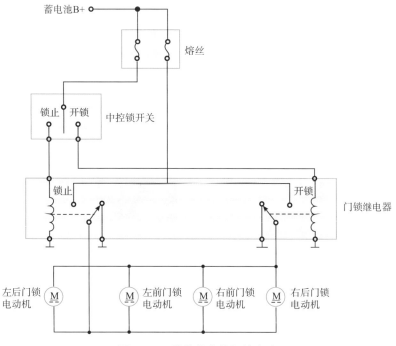

图 2 46 简单的中控门锁电路

2 中控门锁系统的组成

中控门锁系统一般由门锁总成、钥匙操纵开关、门锁控制开关、行李厢开启器及门锁控制器等组成。

（1）门锁总成 由锁体、门锁传动机构、中控锁开关、门锁位置开关和门锁电动机等组成（图2-47）。锁体位于车门内侧，用三个螺钉固定在车门上。

门锁电动机可以朝锁止车门的方向驱动，也可以朝解锁车门的方向驱动。门锁位置开关安装在锁体机构上，在车门关闭时处于开路状态。当车门打开时，锁体机构闭合位置开关，形成接地。该信号被门锁控制器或BCM检测到后，在组合仪表中生成驾驶员车门打开信息或触发报警系统。

（2）钥匙操纵开关（车门锁芯开关） 驾驶员侧车门还装有车门锁芯，让驾驶员可以用机械钥匙在车外打开车门。锁芯包含钥匙操纵开关，此总成由两个微型开关组成。其中一个微型开关在钥匙转到解锁位置时工作，另一个微型开关在钥匙转到锁定位置时工作。每个微型开关都处于常开状态。微型开关工作时都会引起接地。

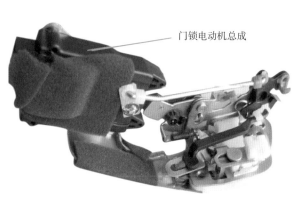

图 2-47 门锁总成

BCM检测到接通的回路信号并确定哪一个微型开关在工作，然后BCM运行门锁电动机以锁定或打开车门。

（3）中控锁开关　是点动的开关，它一般安装在驾驶员侧车门内的扶手上，如图2-48所示。当开关工作时，电路瞬间接通。BCM收到电路接通的信号后执行所有车门同时锁定或解锁请求。

解锁
锁定

图2-48　中控锁开关

中控锁开关控制电路如图2-49所示，中控锁开关的控制信号线与锁芯开关的信号线连接在一起，向中央门锁控制器发出开锁或关锁信号。

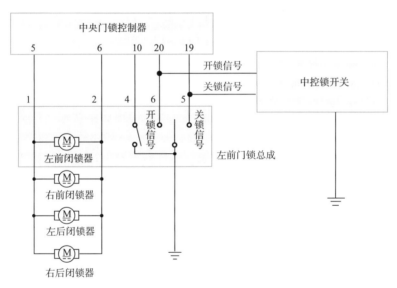

图2-49　中控锁开关控制电路

（4）车门开关　每个车门锁体总成包含微型开关，以向BCM告知车门状态。当车门打开时，微型开关触点闭合，接通BCM的接地路径。当车门关闭时，微型开关触点断开连接变为开路。车门开关以及发动机罩和行李厢打开开关为报警系统的主要部件。当报警系统工作时，这些开关监测车辆的外部强行入侵。车门打开信号还被BCM用于显示组合仪表消息中心中的面板状态信息和控制车内灯。

3 中控门锁系统电路示例

图2-50和图2-51所示为中控门锁系统电路。

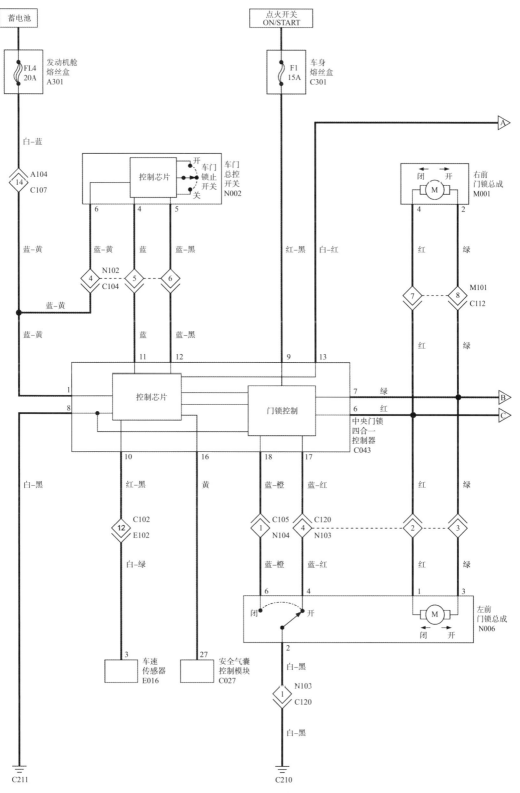

图 2-50　中控门锁系统电路（一）

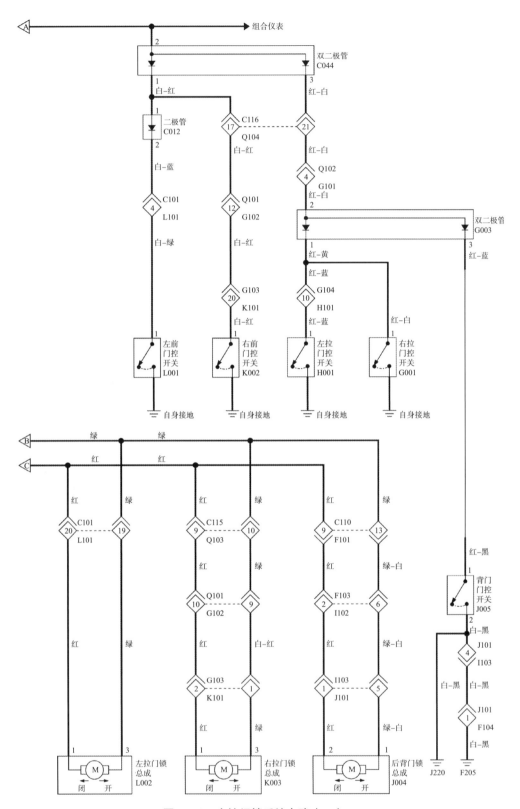

图 2-51　中控门锁系统电路（二）

（1）系统供电　蓄电池电源通过发动机舱熔丝盒中熔断器FL4，分别到车门总控开关端子6和中央门锁四合一控制器端子1，为车门总控开关和中央门锁四合一控制器提供电源。点火开关处于ON/START位置时，电流通过车身熔丝盒中熔丝F1，到中央门锁四合一控制器端子9，提供点火信号。

（2）中控锁开关信号　车门总控开关端子4和5，到中央门锁四合一控制器端子11和12，进行数据传送，提供信号。

（3）车门锁信号　电流从中央门锁四合一控制器端子17输出，到左前门锁总成端子4，通过开关，从左前门锁总成端子2接地，为车门锁"开"信号。

电流从中央门锁四合一控制器端子18输出，到左前门锁总成端子6，通过开关，从左前门锁总成端子2接地，为车门锁"关"信号。

（4）门锁执行器信号

①电流从中央门锁四合一控制器端子6输出，到左前门锁总成端子1，通过门锁电动机，从左前门锁总成端子3输出，回到中央门锁四合一控制器端子7，左前门锁打开；反之，左前门锁关闭。

②电流从中央门锁四合一控制器端子6输出，到右前门锁总成端子4，通过门锁电动机，从右前门锁总成端子2输出，回到中央门锁四合一控制器端子7，右前门锁打开；反之，右前门锁关闭。

③电流从中央门锁四合一控制器端子6输出，到左拉门锁总成端子1，通过门锁电动机，从左拉门锁总成端子3输出，回到中央门锁四合一控制器端子7，左拉门锁打开；反之，左拉门锁关闭。

④电流从中央门锁四合一控制器端子6输出，到右拉门锁总成端子1，通过门锁电动机，从右拉门锁总成端子3输出，回到中央门锁四合一控制器端子7，右拉门锁打开；反之，右拉门锁关闭。

⑤电流从中央门锁四合一控制器端子6输出，到后背门锁总成端子2，通过门锁电动机，从后背门锁总成端子1输出，回到中央门锁四合一控制器端子7，后背门锁打开；反之，后背门锁关闭。

（5）门控信号　电流从中央门锁四合一控制器端子13输出，分别到左前门控开关端子1，右前门控开关端子1，左拉门控开关端子1，右拉门控开关端子1和背门门控开关端子1，任一车门处于未关闭状态，则门控开关处于接通状态，则各门锁执行器无法闭锁。

（6）车速信号　电流从车速传感器端子3，到中央门锁四合一控制器端了10，提供车速信号。

（7）气囊模块信号　电流从安全气囊控制模块端子27，到中央门锁四合一控制器端子16，提供安全气囊起爆时自动开门信号。

1 ▶ 电动刮水器的作用与组成

刮水器的作用是用来清除风窗玻璃上的雨水、雪或尘土，以确保驾驶员有良好的能见度。风窗玻璃刮水器包括前风窗刮水器和后风窗刮水器，经济车型只有前风窗刮水器。目前汽车上广泛使用的是电动刮水器。如图2-52所示，电动刮水器由刮水器开关、直流电动机和一套传动机构组成。电动机旋转经减速和连杆传动机构的作用变成雨刮臂的摆动，带动雨刮擦拭风窗玻璃。

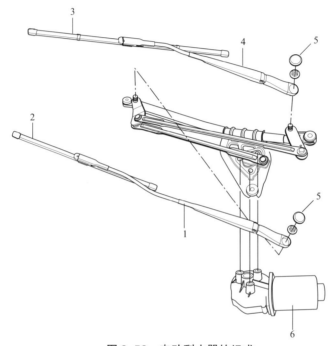

图 2-52 电动刮水器的组成

1—前乘员侧刮臂总成；2—前乘员侧刮片总成；3—驾驶员侧刮片总成；
4—驾驶员侧刮臂总成；5—轴盖；6—刮水器电动机

无骨雨刮的刮片通过夹子固定在雨刮臂上的，刮片在刮臂安装点上可以自由转动。这种结构保证了在各种刮水模式下都能将玻璃清洗得比较干净，同时又减少了噪声和风阻力。

2 ▶ 洗涤器的作用与组成

为了更好地消除附在风窗玻璃上的污物，在汽车上增设了风窗玻璃洗涤器，系统通过洗涤器向风窗玻璃喷水，配合雨刮清除风窗玻璃上的污垢，保证驾驶员有良好的视野。

如图2-53所示，风窗玻璃洗涤器由洗涤器开关、洗涤液罐、洗涤泵、软管、三通连接管、喷嘴等组成。洗涤泵开始运转时，会将洗涤液罐内的液体抽出，在压力的作用下将液体输送到位于发动机盖上的喷嘴喷出。

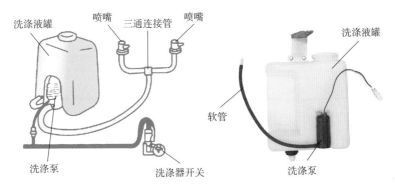

图2-53　风窗玻璃洗涤器

3 >> 刮水器与洗涤器开关

刮水器与洗涤器开关用于控制刮水器的刮水速度、方式以及洗涤装置的工作。刮水器与洗涤器开关及其挡位操作如图2-54所示。

刮水器与洗涤器拨杆开关由一个拨动开关和一个旋转开关组成。间歇式、低速和高速刮水的开关位置及关闭位置是锁定的，而点动刮水和刮水/洗涤程控开关是不锁定的。旋转开关用来选择间歇延迟时间或雨量传感器的灵敏度（如安装）。

往转向盘方向拉动拨杆开关，洗涤器立即工作。在短暂的间隔后，刮水器将与洗涤器共同工作。在拨杆开关释放之后，刮水器将继续工作，刮水三次。

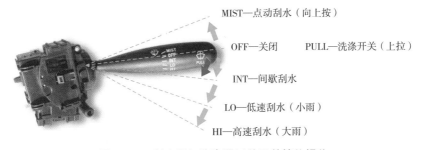

图2-54　刮水器与洗涤器开关及其挡位操作

要打开风窗玻璃刮水器，可以将拨杆开关移动到以下四种操作位置之一。

①在INT位置，雨刮器进行间隙操作（INT位置在有雾或小雨时驾车非常方便）。

②在LO位置，雨刮器进行稳定低速工作。

③在HI位置，雨刮器进行稳定高速工作。欲关闭雨刮器，将控制杆移回OFF位置即可。

④将控制杆上移到MIST位置并松开时，风窗玻璃雨刮器将低速刮水一次，即点动刮水。将控制杆上移并保持于MIST位置时，风窗玻璃雨刮器便进行连续的低速运作。

4 > **刮水器自动复位装置**

汽车上装用的电动刮水器都设有自动复位装置。自动复位就是指在断开刮水器开关时，刮片能自动停在驾驶员视野以外的指定位置，这个位置一般是风窗玻璃的下沿。

5 > **间歇刮水继电器**

此继电器在INT位置时对雨刮进行间歇控制。目前，广泛使用一种带内部继电器的刮水器开关。间歇刮水继电器有一个小继电器及包括电阻和电容的晶体管电路，此内部继电器根据刮水器开关的信号，控制刮水器电动机的电流，使刮水器电动机间歇运行。

6 > **刮水器与洗涤器电路示例**

福田蒙派克汽车的刮水器与洗涤器电路如图2-55所示。

点火开关处于ON/START位置，电流通过车身熔丝盒中熔丝F4，分别到组合开关端子17、前洗涤电动机端子1、后洗涤电动机端子1和三合一控制器插件C002端子10，提供电源。

（1）前刮水开关LO挡位置　前刮水开关处于低速挡位置时，电流输入组合开关端子17，到组合开关端子7，到前雨刮总成端子1，前雨刮处于低速运行状态。

（2）前刮水开关HI挡位置　前刮水开关处于高速挡位置时，电流输入组合开关端子17，到组合开关端子8，到前雨刮总成端子4，前雨刮处于高速运行状态。

（3）前刮水开关INT挡位置　前刮水开关处于间隙挡位置时，电流输入组合开关端子17，经雨刮间歇器，到组合开关端子7，到前雨刮总成端子1，前雨刮处于间歇运行状态。

（4）前洗涤开关ON挡　前洗涤开关处于ON挡时，电流从前洗涤电动机端子2，到组合开关端子11，到组合开关端子2接地，前洗涤电动机处于工作状态。

（5）后刮水开关洗涤挡　后刮水开关处于洗涤挡时，电流从后洗涤电动机端子2，到组合开关端子12，到组合开关端子2接地，后洗涤电动机处于工作状态。

（6）后刮水开关ON挡　后刮水开关处于ON挡时，电流从三合一控制器插件C003端子4输出，到组合开关端子10，到组合开关端子2接地，触发信号；电流从三合一控制器插件C002端子13输出，到后雨刮总成端子4，后雨刮处于工作运行状态。

（7）后刮水开关INT挡　后刮水开关处于INT挡时，电流从三合一控制器插件C003端子5输出，到组合开关端子13，到组合开关端子2接地，触发信号；电流从三合一控制器插件C002端子13输出，到后雨刮总成端子4，后雨刮处于间歇运行状态。

（8）后刮水开关洗涤刮水挡　后刮水开关处于洗涤刮水挡时，电流从后洗涤电动机端子2，到组合开关端子12，到组合开关端子2接地后洗涤电动机处于工作状态；电流从三合一控制器插件C003端子4输出，到组合开关端子10，到组合开关端子2接地，触发信号；电流从三合一控制器插件C002端子13输出，到后雨刮总成端子4，后雨刮处于工作运行状态。

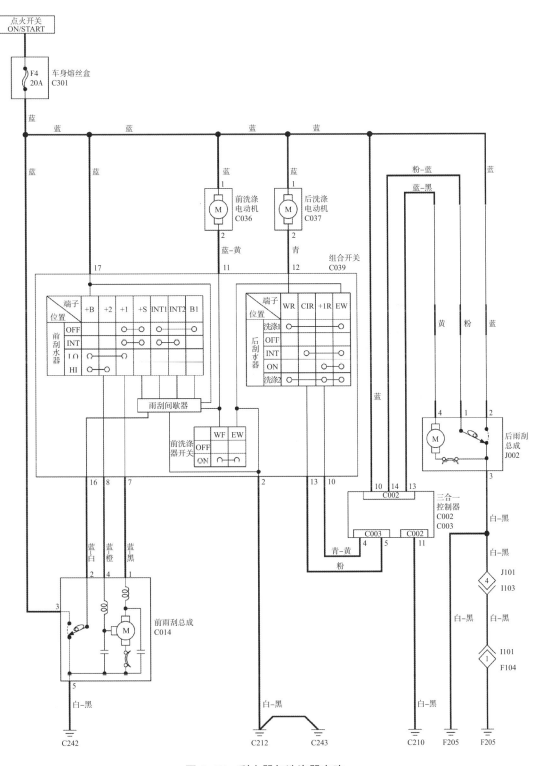

图 2-55　刮水器与洗涤器电路

第六节 手动空调控制系统

 手动空调控制系统的组成

汽车空调系统用于调节汽车室内空气温度、湿度、流速、流向和空气清洁度，为驾乘人员创造一个舒适的车内环境。

手动空调系统需要驾驶员手动开启空调系统，调整进气方式、出风温度和送风模式。长城酷熊的手动空调控制面板如图2-56所示，控制面上有A/C开关、除霜按键、内外循环拨杆、温度控制旋钮、风量控制旋钮、送风模式旋钮等。内外循环拨杆用来改变进气模式，即进入空调系统的是车外新鲜空气还是室内空气；风量控制旋钮用来调节鼓风机的转速，一般有四个挡位；送风模式包括吹面、吹脚、除霜等。

图 2-56 手动空调控制面板

手动空调控制系统电路主要用来调节鼓风机的转速，传输空调开启请求信号和允许信号，确保空调制冷循环管路压力处于正常范围。

长城酷熊的手动空调控制系统电路如图2-57所示。该手动空调控制系统主要由空调风速开关（风量控制旋钮）、鼓风机继电器、鼓风机、调速电阻、A/C开关、三态压力开关、蒸发器温度传感器、发动机ECU、压缩机继电器和压缩机离合器等组成。开启空调系统之前应先打开空调风速开关，使鼓风机继电器闭合，以接通鼓风机供电及向A/C开关供电。当按下A/C开关时，空调请求信号经A/C开关、三态压力开关的高低压开关到达发动机ECU端子75。当满足空调开启的条件时，发动机ECU通过端子69控制压缩机继电器接地，接通压缩机离合器工作电路。

 空调控制系统功能

 鼓风机控制

轿车手动空调系统常采用鼓风机开关和调速电阻来调节鼓风机转速。调速电阻一般装在空调蒸发器组件上，利用气流进行冷却。鼓风机开关可控制鼓风机电源正极，也可

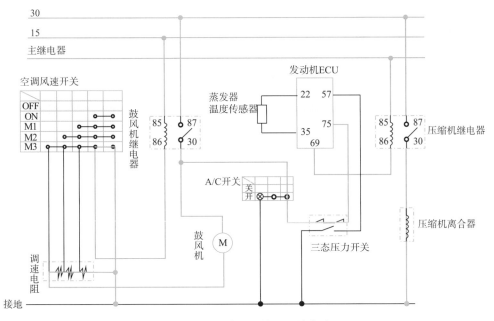

图 2-57　手动空调控制系统电路

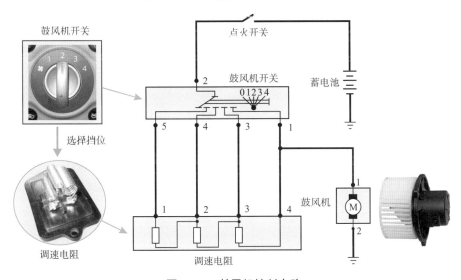

图 2-58　鼓风机控制电路

控制鼓风机负极。如图2-58所示，转动鼓风机开关，改变调速电阻接入方式，从而改变鼓风机电路中的电流以调节鼓风机转速。

2　压缩机控制

（1）空调压力开关　用来检测制冷剂压力，是手动空调控制电路中的重要元件。如图2-59所示，空调压力开关安装在制冷循环管路的高压管路上，它是一个压力保护开关，车上常用的是三态压力开关，由高低压开关和一个中压开关组成。三态压力开关的插口处引出四根线。

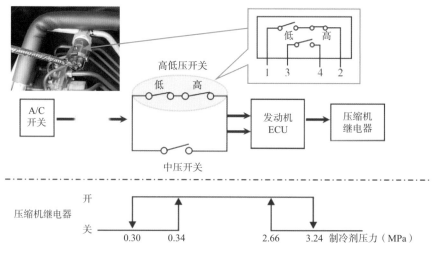

图 2-59　空调压力开关

①高低压开关　监测制冷系统高压侧与低压侧的制冷剂压力。高低压开关均为常闭开关，与A/C开关串联，当系统压力过高或过低时，切断空调请求信号，从而阻止压缩机工作，保护空调系统。

②中压开关　是常开开关。当制冷剂压力上升，使中压开关闭合时，信号输出至发动机ECU，控制散热器风扇和冷凝器风扇高速运转，增加冷却效果，降低高压管路压力，防止系统压力继续上升。如制冷剂压力为1760kPa时，冷凝器风扇将高速运转。

（2）蒸发器温度传感器　如图2-60所示，蒸发器温度传感器位于蒸发器芯体的出口侧，传感器探头安装在蒸发器箱体上。它的塑料部分成锯齿状，可牢固安装在翅片上。

蒸发器温度传感器是NTC（负温度系数）型传感器，其作用是提供蒸发器排气口温度的信号输入给空调控制器。当蒸发器出口温度大于3~5℃时制冷系统可以继续运行，当蒸发器出口温度下降到1~2℃时，自动关掉空调压缩机，防止蒸发器结霜。汽车的手动空调系统通常采用蒸发器温度传感器来调节蒸发器出口温度。

（3）压缩机热保护开关　热保护开关一般位于压缩机的底座上，用于检测压缩机的工作温度。一旦压缩机温度达到预设的数值，压缩机离合器电路就会被切断。由于热保护开关是和压缩机离合器串联的，所以一旦压缩机壳体温度低于预设的数值，压缩机就会再次得到供电。一般来说，当压缩机工作温度达到150℃时，热保护开关断开，压缩机停止工作；当压缩机工作温度降至130℃时，热保护开关闭合，压缩机又开始工作。

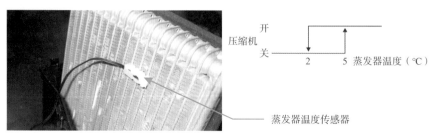

图 2-60　蒸发器温度传感器

本田理念轿车的手动空调控制系统电路如图2-61和图2-62所示。

打开点火开关接通IG2电源时，电流通过蓄电池端子熔丝盒1号熔丝→发动机盖下熔丝/继电器盒的1号及3号熔丝→点火开关→仪表板下熔丝/继电器盒的1号熔丝→散热器风扇继电器、空调冷凝器风扇继电器、空调压缩机离合器继电器及鼓风机电动机继电器端子4，鼓风机电动机继电器工作，向鼓风机电动机端子1供电。

打开加热器风扇开关（鼓风机开关），且按下空调开关时，电流从ECM/PCM端子E28→空调压力开关→空调开关端子2和端子1→加热器风扇开关端子6→加热器风扇开关端子3→接地，向ECM/PCM提供空调开启请求信号。

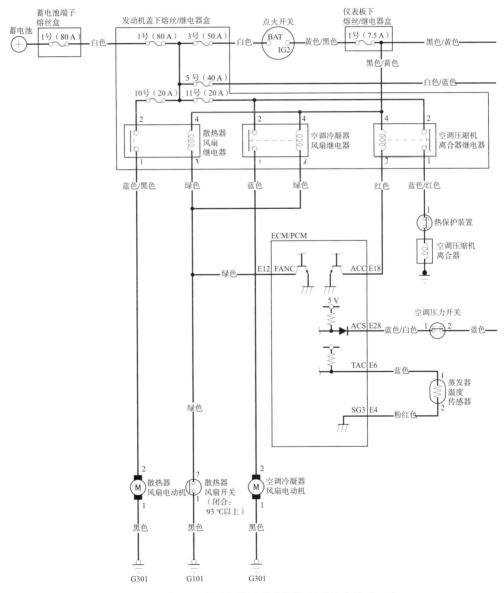

图2-61　本田理念轿车的手动空调控制系统电路（一）

蒸发器温度传感器向ECM/PCM提供蒸发器温度信号，当满足空调开启条件时，ECM/PCM通过端子E18输出低电位信号，控制空调压缩机离合器继电器工作，接通空调压缩机离合器供电，使空调压缩机进入工作状态。

与此同时，ECM/PCM通过端子E12控制散热器风扇继电器和空调冷凝器风扇继电器工作，使散热器风扇和空调冷凝器风扇运转，加快散热器和冷凝器的散热。

此外，当发动机冷却液温度达到93℃以上时，散热器风扇开关闭合，散热器风扇继电器和空调冷凝器风扇继电器通电工作，继电器触点闭合，接通散热器风扇和空调冷凝器风扇电路，风扇运转。

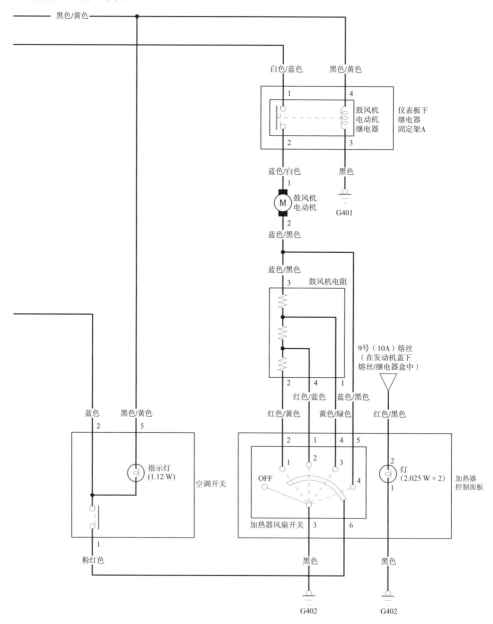

图2-62　本田理念轿车的手动空调控制系统电路（二）

第七节　倒车雷达系统

 系统组成

倒车雷达系统又称驻车辅助系统。在倒车过程中，如果在车辆要经过的路径上有障碍物，则停车距离控制系统会向驾驶员发出警告。

如图2-63所示，倒车雷达系统由倒车雷达ECU、倒车雷达蜂鸣器及数个（通常为4个）安装在（后）保险杠上的倒车雷达传感器等组成。如果安装后摄像头，则会在导航屏上提供车辆后部区域的图像。

倒车雷达蜂鸣器通常安装在仪表板横梁的上部，靠近驾驶员侧，由螺栓固定。有的则是安装在组合仪表内部，或者说是由仪表内部的报警蜂鸣器完成这一功能。

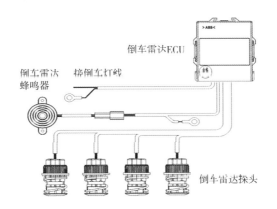

图 2-63　倒车雷达系统

倒车雷达传感器俗称探头，安装在后保险杠上，包括左、左中、右中、右传感器，由外向内嵌入式安装，如图2-64所示。各传感器的安装位置都有规定，不能装错，否则可能引起误报警。

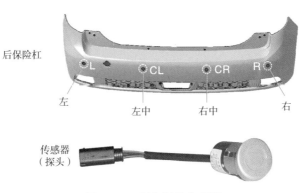

图 2-64　倒车雷达传感器

第二章　汽车电气系统电路识读

二 工作原理

倒车雷达系统就是利用超声波信号，经倒车雷达主机内微电脑的控制，再从探头的发射与接收信号过程中，比对信号折返时间而计算出障碍物距离，然后由报警器发出不同的报警声。与障碍物的距离＝发收时间差×声速/2。

当车辆挂到倒车挡时，倒车雷达ECU使用超声波传感器监控后保险杆周围的区域，如果监控区域内检测到物体，仪表组件内的声音报警装置就会发出声音警告。系统能够探测到比较坚硬的固体障碍物同时也能探测到铁丝网和栅栏之类的物体。

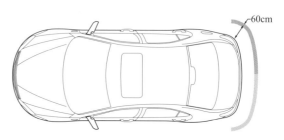

图 2-65　侧面两个传感器的检测范围

侧面两个传感器的检测范围是距离保险杠拐角处60cm的区域，如图2-65所示。

当障碍物接近某个后侧部区域时，从车辆侧后方150cm开始可能给予指示，如图2-66所示。

当探测到的距离在侧部小于20cm，或在中部正后方小于30cm时，声响信号将变为持续音以避免碰撞保险杠。

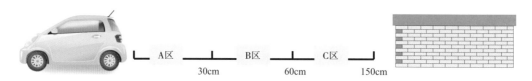

A区：蜂鸣器报警声音为长鸣，车后部探头与障碍物距离为10～30cm
B区：报警声音为频率8Hz连续音，车后部探头与障碍物距离为30～60cm
C区：报警声音为频率4Hz间歇音，车后部探头与障碍物距离为60～150cm

图 2-66　当障碍物接近某个后侧部区域时

三 倒车雷达系统电路示例

如图2-67所示，点火开关处于ON/START位置时，电流通过车身熔丝盒中熔丝F1，到倒车灯开关端子2。当变速器操纵机构处于倒挡位置时，电流从倒车灯开关端子1输出，到倒车雷达控制器端子1，为倒车雷达控制器提供电源。

①电流从倒车雷达控制器端子7输出，到倒车雷达左传感器端子2，从倒车雷达左传感器端子1接地，检测左侧是否存在障碍物。

②电流从倒车雷达控制器端子8输出，到倒车雷达中传感器端子2，从倒车雷达中传感器端子1接地，检测中间是否存在障碍物。

③电流从倒车雷达控制器端子15输出，到倒车雷达右传感器端子2，从倒车雷达右传感器端子1接地，检测右侧是否存在障碍物。

④倒车雷达控制器端子5和13连接至综合显示器端子6和5，进行数据传送，将倒车雷达控制器的信息反映到综合显示器上。

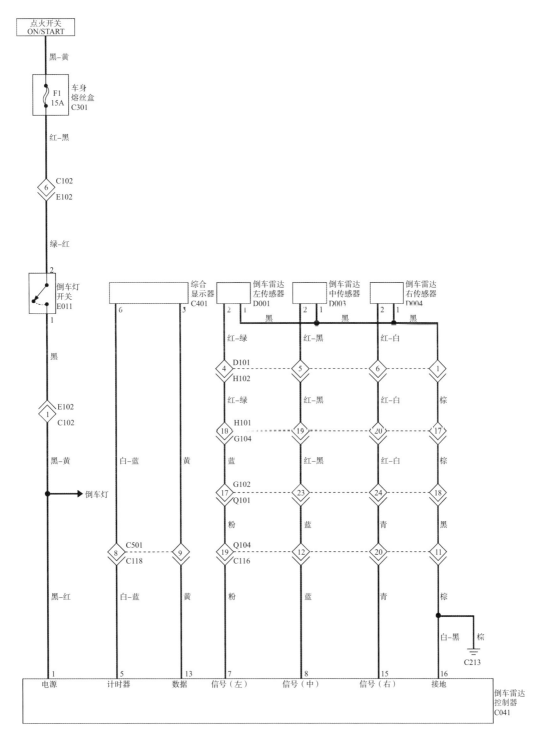

图2-67　倒车雷达系统电路

第八节　防盗系统

一　发动机电子防盗系统

1　系统作用与工作原理

发动机电子防盗系统又称钥匙防盗系统或发动机锁止系统，它用来防止车辆被盗。只有使用本车注册的点火钥匙，钥匙防盗系统才允许车辆启动。

钥匙防盗系统的工作原理是，每把钥匙内嵌一个防盗芯片（发射器），将钥匙插入点火开关锁芯并将其旋转至ON位置时，电子防盗ECU与点火开关钥匙上的发射器通过无线射频的方式进行通信。如果钥匙被确认是合法的，则防盗ECU将与发动机ECU进行密码验证。如果密码验证正确，才允许发动机启动，进行喷油和点火。

本田飞度汽车发动机防盗锁止系统的工作原理如图2-68所示。

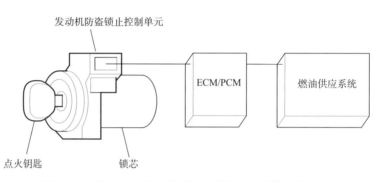

图2-68　本田飞度汽车发动机防盗锁止系统的工作原理

2　系统组成部件

如图2-69所示，发动机电子防盗系统由位于点火开关钥匙头部的发射器、钥匙插入开关内的天线线圈、编码的钥匙防盗模块（电子防盗ECU）、发动机ECM和防盗指示灯等组成。

（1）发射器　每把汽车钥匙中都有一个应答器，该应答器内含有一片运算芯片和一个细小的电磁线圈。该细小线圈在系统工作期间，与收发线圈一起完成防盗控制模块与应答器中的运算芯片之间的信号及能量传递。发射器有一个高级加密法则。注册钥匙时，在发射器内部编程车辆特定信息代码。车辆特定信息代码记录在发射器的永久存储器中。

（2）天线线圈　安装在汽车的点火锁芯上，通过一定长度的导线与防盗控制模块相连。作为防盗控制模块的负载，承担防盗控制模块与应答器之间信号及能量的传递任务。其作用是提供电能给发射器，并接收来自发射器的信号，还传送发射器信号至钥匙防盗模块。

（3）钥匙防盗模块　与点火开关钥匙内置发射器之间进行RF（无线射频）通信，把来自发射器的由天线线圈捕捉的RF信号转换为串行通信信号。从ECM接收的串行通信信号转换为RF信号，并通过天线线圈传输至发射器。

（4）发动机ECM　利用指定的加密法则进行点火开关钥匙的认证。在发射器进行编

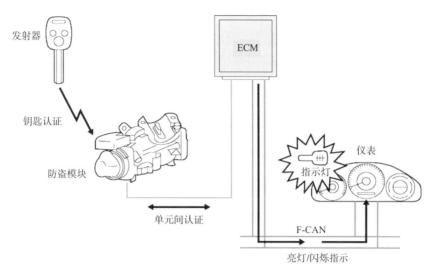

发射器

钥匙认证

防盗模块

单元间认证

ECM

指示灯

仪表

F-CAN

亮灯/闪烁指示

图 2-69　发动机电子防盗系统组成

程时，ECM同时也进行相同的编码。只有计算结果相等时，发动机才可以启动。

（5）防盗指示灯　用来显示发动机防盗锁止系统工作状态及钥匙编码、故障诊断。

①如果已经使用了已编程钥匙，发动机防盗锁止系统指示灯将点亮约2s，然后熄灭。

②如果使用了错误的钥匙或控制单元没有接收到或未能识别其代码，指示灯将点亮约2s，然后将会闪烁直到点火开关转到LOCK位置。

③将点火开关转至ON位置后，如果发动机防盗锁止指示灯不亮，则在ECM/PCM和仪表控制单元之间的通信线路断路或短路。

3　发动机防盗系统电路示例

起亚K2轿车的发动机电子防盗系统电路如图2-70所示。

蓄电池常时电源通过室内接线盒的10A室内熔丝（ROOM），向仪表盘端子27提供常电，再由ECM控制钥匙防盗指示灯是否工作。

打开点火开关时，ON电源向钥匙防盗模块的端子4供电，钥匙防盗系统进入工作状态。把钥匙插入到点火开关锁筒中并转至ON位置时，点火开关钥匙内的天线线圈传送电源至发射器，然后将发射器传回的代码信号通过钥匙防盗模块传送到ECM。

钥匙防盗模块通过端子5和ECM插接器EGG-K的端子80进行通信，发动机控制系统能够控制发动机的运转。

如果此钥匙被认证通过，ECM释放燃油供给系统，钥匙防盗指示灯亮，显示钥匙防盗模块认证通过了发射器认证代码。

如果此钥匙认证代码没有被认证通过，ECM通过指示灯闪烁控制加以确认。

本田飞度轿车的发动机防盗锁止系统电路如图2-71所示。

将点火钥匙插入点火开关时，点火钥匙开关闭合，发动机防盗锁止无钥匙控制单元的端子6与搭铁导通，控制单元收到钥匙插入信号。将其转到ON（Ⅱ）位置时，ECM/

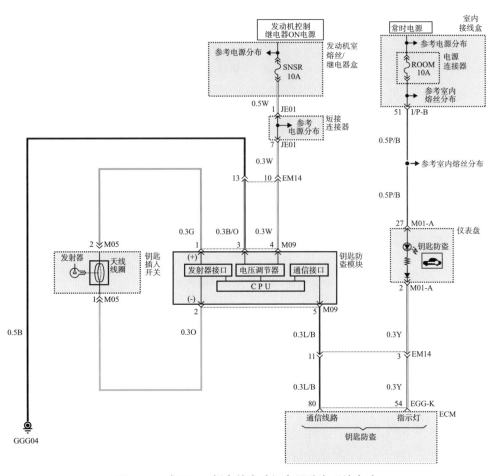

图 2-70　起亚 K2 轿车的发动机电子防盗系统电路

PCM 和防盗锁止无钥匙控制单元接通 IG1 信号电源，防盗锁止无钥匙控制单元向点火钥匙中的收发器发送能量，收发器随后通过防盗锁止无钥匙控制单元反馈一个编码信号给 ECM/PCM。滚动型代码嵌入到接收器中，而不是嵌入到 ECM/PCM 中。

　　发动机防盗锁止无钥匙控制单元和 ECM/PCM 之间通过 S-NET 线路通信，和仪表控制单元通过 B-CAN 通信，向仪表发送防盗锁止指示灯信号。

 防盗报警系统

1　防盗报警系统工作原理

　　防盗报警系统在车门、发动机盖和尾门关闭和锁止后自动激活。要想激活系统，必须将点火开关转至 OFF 位置，将钥匙拔出，且防盗 ECU/车身控制模块 BCM 必须接收到来自车门、发动机盖以及尾门的关闭和锁止信号。车身控制模块利用每个车门未关严的离散输入信号监视所有车门未关开关。在安全防盗系统启动时，如果车身控制模块收到一个车门未关开关的搭铁信号，车身控制模块就会触发警报。

　　通过用钥匙对驾驶员侧车门进行解锁或按下发射器上的 UNLOCK（解锁）按钮，防

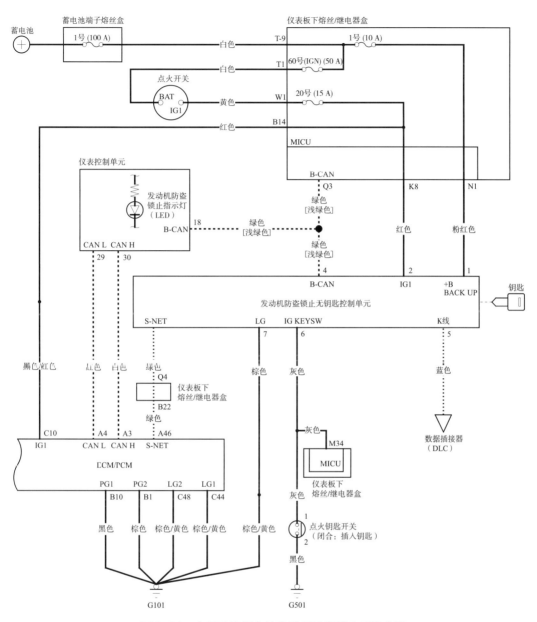

图 2-71　本田飞度轿车的发动机防盗锁止系统电路

盗报警可随时解除。

汽车防盗报警系统的组成如图 2-72 所示。

防盗 ECU 监视以下输入信号：驾驶员和乘员侧车门未关开关；发动机舱盖未关开关；行李厢盖未关开关；遥控钥匙发射器 LOCK/UNLOCK（锁止 / 解锁）；通过验证钥匙状态（使用正确车辆钥匙启动车辆时，防盗 ECU 通过验证钥匙状态来解除系统或使警报平息）。

防盗 ECU 控制以下部件输出报警信号：喇叭继电器（控制报警喇叭鸣叫）；车外灯（如转向灯全闪）。

2 防盗报警系统电路示例

现代雅绅特汽车的安全防盗报警系统电路如图2-73所示。

当安全防盗报警系统工作时，车身控制模块（BCM）监测前、后门车门锁开关信号和发动机盖开关信号。车门锁开关集成在前门锁执行器和后门锁执行器中，当车门开锁时，车门锁开关闭合；当车门闭锁时，车门锁开关打开。发动机盖开关或行李厢开关也是在盖未锁时闭合，盖锁上时打开。

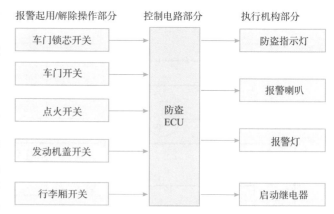

图 2-72　防盗报警系统的组成

当车门锁开关或发动机盖开关的任一开关闭合（即任一车门或发动机盖被非法打开）时，将触发安全防盗系统，车身控制模块将切换至警报模式，输出危险警告灯继电器控制信号和警报继电器控制信号，使警告灯继电器和警报继电器闭合，转向灯/警告灯、警报器将通电，全部转向灯闪烁报警、喇叭鸣响持续30s。

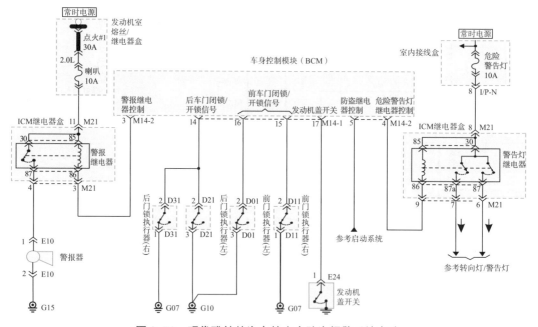

图 2-73　现代雅绅特汽车的安全防盗报警系统电路

防盗报警系统被触发后，手动解锁车门不会解除安全防盗系统启动模式。而且，断开蓄电池或拉出熔丝也不能解除启动模式，因为车身控制模块（BCM）存储器中存储了安全防盗系统的状态。

执行以下任一操作以解除安全防盗系统：按下遥控门锁发射器上的"UNLOCK（开锁）"按钮；将有效的钥匙插入并打开点火开关。

第九节　发动机电控系统

 发动机电控系统的作用与组成

发动机电控系统又称发动机管理系统，它的作用是收集发动机的各种工况信息，经电控单元（ECU）计算分析后，发出相应指令，以控制最佳喷油量、最佳喷油时刻和最佳点火时刻，减轻排放污染，使发动机在各种工况下都处于最佳的工作状态。

汽油发动机的电控系统通常由电控单元（ECU）、输入元件（传感器）和输出元件（执行器）三大部分组成。大众1.4L 16气门发动机电控系统的结构如图2-74所示。

ECU是发动机控制系统的核心部件。ECU一方面接收来自传感器的信号；另一方面完成对信息的处理工作，同时发出相应的控制指令来控制执行元件的正确动作。

传感器是电控系统的"触角"，是感知信息的部件，负责把非电量信号转换成电量信号，向电控单元提供汽车的运行状况和发动机的工况。

执行器又称执行元件，是控制系统的执行机构，其功用是接收ECU发出的控制指令并完成具体的执行动作。

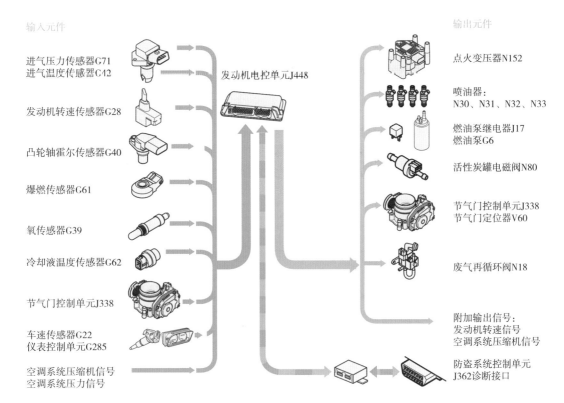

图2-74　大众1.4L 16气门发动机电控系统的结构

大众1.4L发动机电控系统电路如图2-75所示。

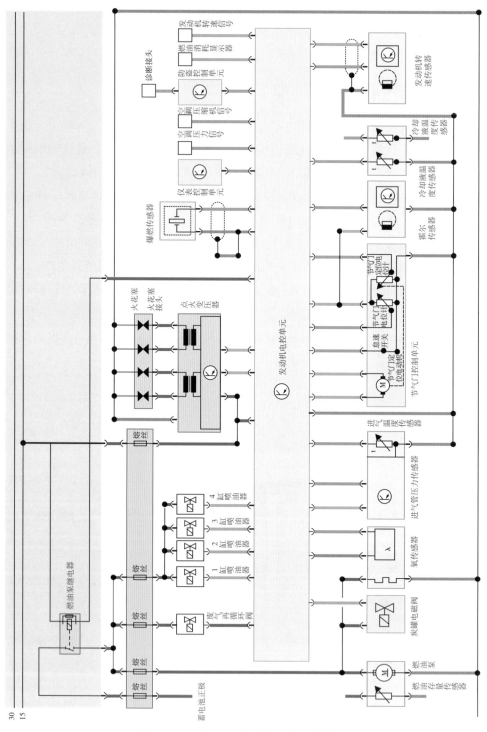

图2-75 大众1.4L发动机电控系统电路

1 曲轴位置（CKP）传感器

如图2-76所示，曲轴位置传感器安装在曲轴带轮前端或气缸体后部，与飞轮外圆对齐，传感头靠近飞轮（手动变速器）或变矩器驱动盘。

曲轴位置传感器用来检测发动机的转速、曲轴转角和活塞上止点位置，并将检测到的信号及时送至发动机ECU，用以控制点火和喷油时刻。此传感器是磁电式传感器，它安装于曲轴附近，与曲轴上的58X齿圈共同工作，齿圈上的小齿

图2-76　曲轴位置传感器的安装位置

以6°间隔排列，共有58个小齿，留下一个2齿的间隙（齿槽）。曲轴转动时，58X齿圈的齿顶和齿槽以不同的距离通过传感器，传感器感应到磁阻的变化，产生交变的电压信号。而58X齿圈上的缺口位置与发动机上止点的位置相对应，在第一缸上止点时，传感器对准58X齿圈某个齿的下降沿，ECU利用此信号确定曲轴的旋转位置和转速。

曲轴位置传感器电路如图2-77所示。

2 凸轮轴位置（CMP）传感器

如图2-78所示，凸轮轴位置传感器为霍尔效应式传感器，它安装于凸轮轴附近，与凸轮轴上的信号轮共同工作，信号轮对应着发动机曲轴特定位置。ECM通过凸轮轴位置传感器和曲轴位置传感器提供的信号来确定第一缸的压缩上止点，该信息被用来对各个气缸的爆燃控制和点火喷油顺序的控制。

凸轮轴位置传感器电路如图2-79所示，该传感器内部为

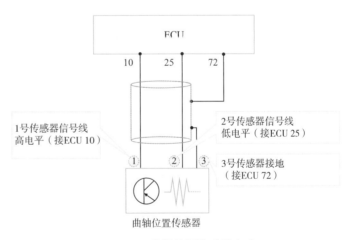

图2-77　曲轴位置传感器电路

霍尔传感器形式，三线制，由ECU或主继电器提供参考电压。

3 电子节气门（节气门位置传感器）

电子节气门由节气门体、节气门定位电动机和节气门位置传感器等构成。节气门位置传感器用于监测节气门位置及执行电动机位置，该传感器输出两个节气门位置信号，

图 2-78 凸轮轴位置传感器

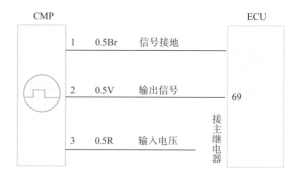

图 2-79 凸轮轴位置传感器电路

两个传感器信号相反，当某一个信号出问题时，ECU还可以用另一信号继续工作。

如图 2-80 所示，节气门位置传感器位于电子节气门上。该传感器的结构为滑动电阻片式，ECU通过监测信号输出端的电压，得出节气门的开度信号。

图 2-80 电子节气门（节气门位置传感器）

电子节气门电路如图 2-81 所示。节气门位置传感器有两个圆弧形的滑触电阻和两个滑触臂，滑触臂的转轴与节气门轴连接在同一个轴线上。滑触电阻的两端加上5V的传感器电压，传感器输出 TPS1 和 TPS2 电压信号。当节气门转动时，滑触臂跟着转动，同时在滑触电阻上移动，并将触点的电位作为输出电压引出。所以它实际上是一个转角电位计，电位计输出与节气门位置成比例的电压信号。

在电子节气门系统中，加速踏板不再通过拉索操纵节气门。通过与加速踏板相连的加速踏板位置传感器将加速踏板位置信号通知发动机ECU，节气门阀的操纵由电子节气门中的电动机（节气门调节器）控制，实现整个转速和负荷区的节气门开度调节。

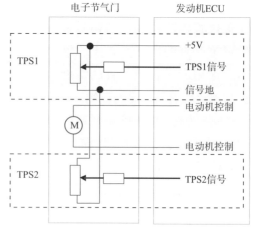

图 2-81 电子节气门电路

4 质量空气流量计

质量空气流量计安装在空气滤清器和节气门之间，是一个用于测量流经节气门的空气量的传感器。ECM利用此信息确定燃油喷射时间并提供适当的空燃比。

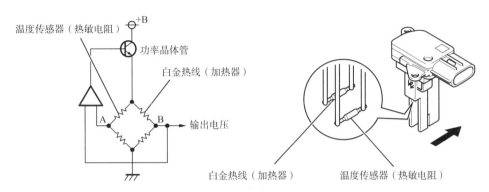

图 2-82　质量空气流量计内部电路

如图2-82所示，质量空气流量计内置有暴露于进气流的白金热线。ECM向热线施加一个特定的电流，以将其加热到给定温度。进气流冷却热线和内部热敏电阻，从而影响其电阻。ECM改变施加到热线和内部热敏电阻的电压，以保持恒定电流值。电压大小与通过传感器的气流成比例，ECM利用其计算进气量。

该电路的结构使白金热线和温度传感器形成一个桥接电路，并控制功率晶体管，使A和B的电压保持相等，以维持预定的温度。

质量空气流量计的工作电路如图2-83所示。空气流量计的输入是发动机室接线盒供应的12V电源，以及一个接地通路连接。

如果质量空气流量计信号出现故障，可能出现以下症状：启动困难；发动机启动后

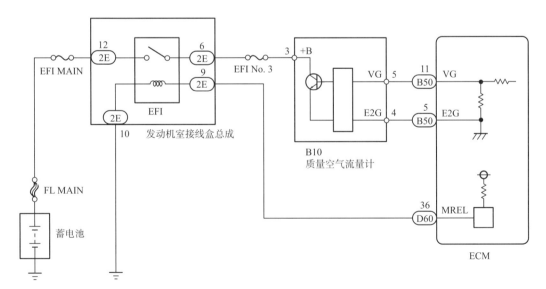

图 2-83　质量空气流量计工作电路

停机；排放控制不起作用；怠速控制不起作用；发动机性能降低。

⑤ 冷却液温度（ECT）传感器

如图2-84所示，冷却液温度传感器安装在发动机的出水阀座上。冷却液温度传感器用于向发动机电控单元提供冷却液温度信息。为发动机ECM提供水温信号，用于启动、怠速、正常运行时的点火正时、喷油脉宽的控制，同时该信号经ECM处理后向组合仪表提供水温信号用以驱动水温表。

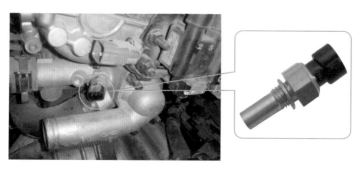

图2-84 冷却液温度传感器

冷却液温度传感器电路如图2-85所示。该传感器是一个负温度系数（NTC）的热敏电阻，其电阻值随着冷却液温度上升而减小。ECM通过一个分压电路将热敏电阻的阻值变化转化成一个变化的电压提供给ECM，从而监测水温的变化。

ECT传感器是电流分压电路的一部分，分压电路包括一整流5V电源，一个固定阻值电阻（ECM内）和一个NTC电阻。当冷却液温度升高时，ECT的电阻将减小，当更多的电流通过ECM经ECT后接地时，信号电压A降低。

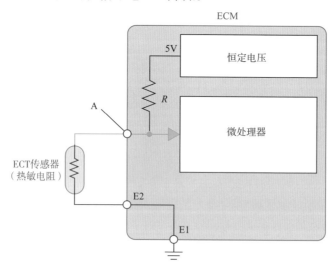

图2-85 冷却液温度传感器电路

6 > 进气压力温度传感器

进气压力温度传感器是把进气压力和进气温度传感器集成在一起的传感器，它安装在进气歧管的平面上，如图2-86所示。采用速度密度式空气计量法的电控系统通过进气压力温度传感器来检测进气歧管进气压力和温度，并将其作为发动机的主要负荷信号提供给ECU，ECU根据此信号来计算喷油脉宽的大小。

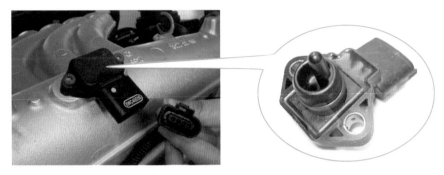

图 2-86　进气压力温度传感器

进气压力温度传感器电路如图2-87所示。

进气压力（MAP）传感器把进气歧管压力转换成电压信号，发动机ECU利用这个信号确定发动机负荷的状况。进气温度（IAT）传感器内置在MAP传感器中，是一个负温度系数（NTC）电阻，随着进气温度的升高电阻值降低，用来检测进气温度。根据从传感器发来的进气温度信号，ECU提供所需的燃油喷射量控制。

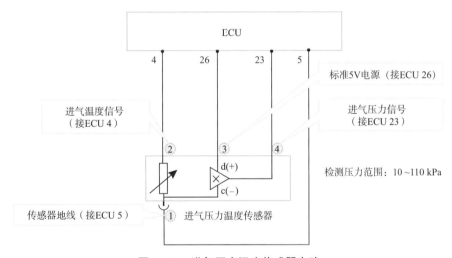

图 2-87　进气压力温度传感器电路

7 > 氧传感器

如图2-88所示，氧传感器（空燃比传感器）位于排气歧管上三元催化转换器的上游，用于检测发动机废气中的氧浓度，以获得喷入发动机气缸中的燃油在吸入的空气中完全燃烧后氧是否过剩的信息。ECU利用这一信息可以进行燃油定量的循环控制，使发动机排气中三种主要的有害成分即碳氢化合物（HC）、一氧化碳（CO）和氮氧化合物（NO_x）都能在三效催化转化器中得到最大程度的转化和净化。

氧传感器的传感组件是一种带孔隙的陶瓷管，管壁外侧被发动机排气包围，内侧通大气。当传感陶瓷管的温度达到350℃时，即具有固态电解质的特性。正是利用这一特性，将氧气的浓度差转化成电势差，从而形成电信号输出。若混合气体偏浓，则陶瓷管内外氧离子浓度差较高，电势差偏高，大量的氧离子从内侧移到外侧，输出电压较高（接近800mV）；若混合气偏稀，则陶瓷管内外氧离子浓度差较低，电势差较低，仅有少量的氧离子从内侧移动到外侧，输出电压较低（接近100mV）。

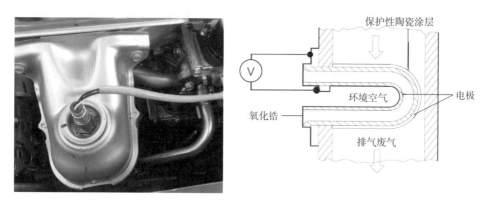

图 2-88　氧传感器

为了尽快达到工作温度，大部分的氧传感器具有加热功能，称为加热型氧传感器，其电路如图2-89所示。蓄电池通过主继电器给加热装置提供12V电源。电源通过发动机舱熔丝盒中的熔丝供电给氧传感器，加热装置的接地通路由ECU供电。点火钥匙位于点火开启位置时，ECM为氧传感器加热器提供接地通路。

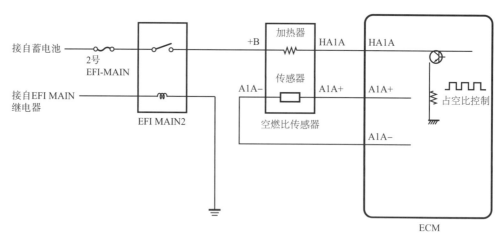

图 2-89　加热型氧传感器电路

8 爆燃传感器

如图2-90所示，爆燃传感器安装在发动机缸体上，一般安装在3、4缸之间（只有一个传感器时）或1、2和3、4缸之间（有两个传感器时）。

爆燃现象的特点是不良振动和噪声，可导致发动机损坏。爆燃传感器安装在气缸体上，用来检测发动机爆燃。爆燃传感器的检测元件是一个压电陶瓷晶体，正常情况下无电压经过。当传感器遭受爆燃频率约15kHz的机械压力时，晶体的电结构将被破坏，产生电压输出，且电压输出与爆燃程度直接成比例。爆燃产生时，传感器传送爆燃电压信号给ECU，ECU延迟点火提前角。如果延迟点火提前角后爆燃消失，ECU会增大点火提前角，这样一直循环的控制能提高发动机动力、转矩和燃油经济性。

爆燃传感器电路如图2-91所示。

图2-90　爆燃传感器的安装位置

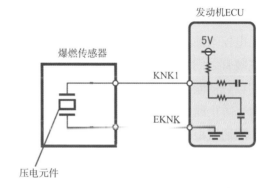

图2-91　爆燃传感器电路

三 发动机电控系统输出元件

1 电动燃油泵

如图2-92所示，电动燃油泵安装在燃油泵总成上。

燃油泵的作用是把汽油从燃油箱中抽取出来，经燃油滤清器过滤后输送到压力调节器，再送往发动机燃油导轨，并保持一定压力。燃油余量传感器则是通过浮子随油面的摆动来检测燃油箱中剩余的燃油量，然后将电压信号发送给仪表。

泵和电动机同轴安装，并且封闭在同一个机壳内。机壳内的泵和电动机周围都充满了汽油，利用燃油散热和润滑。蓄电池通过油泵继电器向电动燃油泵供电，继电器只有在启动时和发动机运转时才使电动燃油泵电路接通。打开点火开关后，燃油泵会先工作2s，使燃油管路充满压力燃油，以便顺利启动车辆。

电动燃油泵控制电路如图2-93所示，由图可知，电动燃油泵由主继电器供电，当ECU使油泵继电器控制端接地时，油泵继电器工作，接通油泵电动机供电电路，油泵开始泵油。

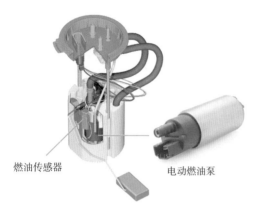

燃油传感器　　　　电动燃油泵

图2-92　电动燃油泵安装位置

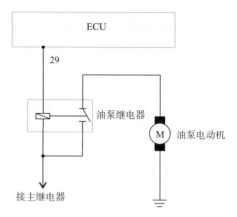

图2-93　电动燃油泵控制电路

2 喷油器

电控汽油发动机的喷油器如图2-94所示，喷油器位于燃油导轨及进气歧管之间，进油端安装在燃油导轨上。喷油器进油端与燃油导轨之间以O形圈密封，防止漏油；喷嘴端与进气歧管之间也是以O形圈密封，防止漏气。

喷油器根据发动机ECU发出的喷油脉冲信号，将适量的燃油喷射到进气管中。喷油器为电磁式，当电控单元发出喷射信号时，喷油器电磁线圈通电并产生磁场，吸引针阀移动从其座面上升，燃油从精密的环形间隙或细小的油孔中喷出。当电磁线圈断电时，弹簧使针阀关闭，喷油停止。每循环喷出的燃油量基本上决定于喷油器开启持续时间，此时间是由电控单元根据发动机工况确定的。

图2-94　喷油器

喷油器电磁阀控制电路如图2-95所示。发动机ECU按照各缸的工作顺序（1、3、4、2）控制各缸喷油器通电，通电时间决定了喷油脉宽。

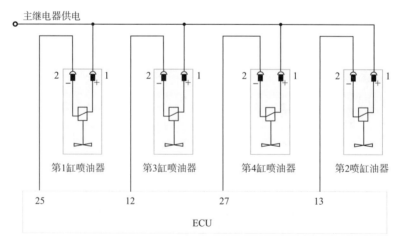

图2-95　喷油电磁阀控制电路

3 点火系统

现代汽车发动机的点火系统通常由蓄电池、点火开关、电容器、发动机ECM、点火线圈、高压线、火花塞等组成。

点火系统的作用是按照气缸的工作顺序，定时地在火花塞两电极间产生电火花，点燃气缸中的可燃混合气。

点火系统用点火线圈产生的高电压来产生火花。点火线圈由初级绕组、次级绕组和铁芯、外壳等组成。当初级绕组的接地通道被接通时，蓄电池的12V电源向初级绕组充电。一旦ECU切断初级绕组电路，则充电中止，同时在次级绕组中感应出15~20kV的高压电，使火花塞放电。

如图2-96所示，根据点火方式的不同，点火系统分为分组点火和独立点火两种类型。

（1）分组点火 又称双缸同时点火，其特点是点火线圈的数量是气缸数的1/2，即一个点火线圈总是同时给两个火花塞提供点火火花。1、4缸为一组，2、3缸为另一组。一根导线为气缸1和4的点火线圈制造火花，另一根导线用于气缸2和3的点火线圈。当两个缸的火花塞同时跳火时，一个气缸在压缩，另一个气缸正好排气，但只有处于压缩行程气缸的火花塞跳火才是有效的。

图2-97所示为分组点火线圈。点火线圈位于发动机上部缸盖侧面，由两个初级绕组、两个次级绕组和铁芯、外壳等组成。

（2）独立点火 是指是每个气缸都有一个独立点火线圈（图2-98），点火线圈直接安装在火花塞顶上，从而取消了高压线。这种点火系统也称为直接点火系统（DIS），它大

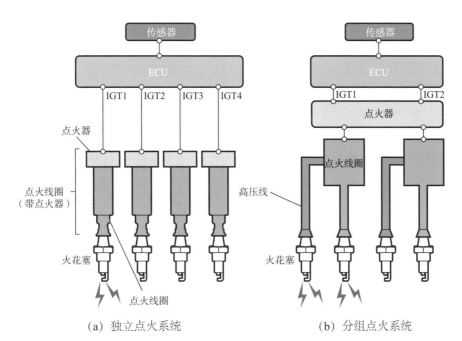

(a) 独立点火系统　　　　(b) 分组点火系统

图2-96　点火系统类型

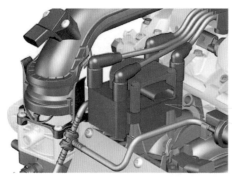

图 2-97 分组点火线圈

图 2-98 独立点火线圈

大提高了发动机的点火能量。

大众车系的分组点火系统电路如图 2-99 所示。打开点火开关时，端子 15 点火信号电压向点火线圈供电，发动机 ECU 端子 76 向点火线圈发送 1、4 缸点火指令，端子 71 向点火线圈发送 2、3 缸点火指令，进行点火正时控制。

丰田凯美瑞轿车 5AR-FE 发动机 DIS 点火系统电路如图 2-100 所示。

本车使用的是直接点火系统（DIS）。DIS 是单缸点火系统，其中各气缸由一个点火线圈总成和一个火花塞（连接至各次级线圈尾部）点火。次级线圈中产生的强电压被直接施加于每个火花塞上，火花塞的火花从中央电极传到接地电极。

ECM 确定点火正时，并向每个气缸传送点火（IGT）信号。ECM 通过使用 IGT 信号来控制点火器内部的晶体管打开和关闭。晶体管因此接通和切断流入初级线圈的电流。当流入初级线圈的电流被切断时，次级线圈

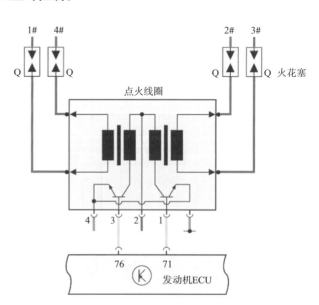

图 2-99 大众车系的分组点火系统电路

1—2、3 缸点火信号线；2—15 端子电源；
3—1、4 缸点火信号线；4—31 接地端子

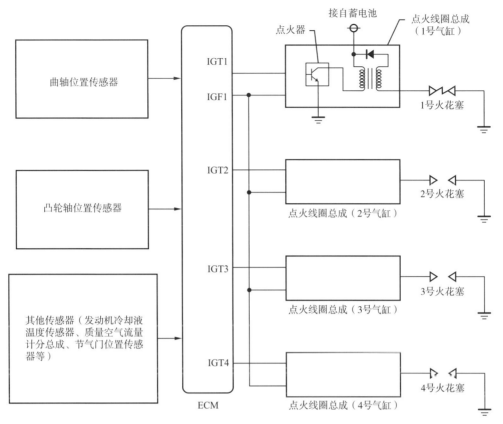

图 2-100 丰田凯美瑞轿车 5AR-FE 发动机 DIS 点火系统电路

会产生强电压。该电压将施加在火花塞上,使其在气缸内产生火花。一旦ECM切断流向初级线圈的电流,点火器会将点火确认(IGF)信号发送回ECM,用于各气缸点火。

4 炭罐电磁阀

如图2-101所示,活性炭罐和炭罐电磁阀通常安装在发动机舱中。炭罐用来吸附燃油箱内的燃油蒸气,炭罐电磁阀用于控制炭罐清洗气流的流量。

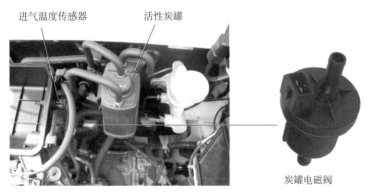

图 2-101 炭罐电磁阀

燃油蒸发排放系统的工作原理如图2-102所示。活性炭罐中的燃油蒸气积聚过量后会导致燃油外泄，造成环境污染，因此炭罐电磁阀的作用就是在合适的时候打开电磁阀，让过量的燃油蒸气在炭罐内和空气充分混合后进入进气歧管，参与燃烧。

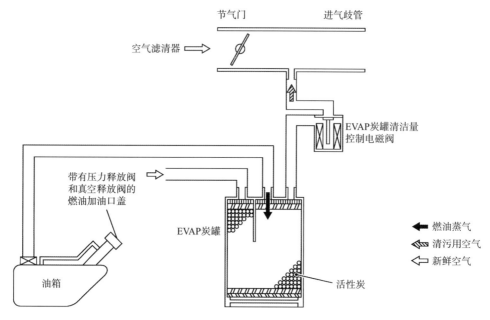

图 2-102　燃油蒸发排放系统的工作原理

丰田凯美瑞轿车5AR-FE发动机炭罐电磁阀控制电路如图2-103所示。炭罐电磁阀由ECM根据发动机负荷、发动机温度、转速等一系列信号，通过综合计算后，发出占空比信号来控制，从而使碳氢化合物（HC）排放的进气量在发动机暖机后适于驾驶情况。发动机怠速和减速时，EVAP炭罐清洁量控制电磁阀将会关闭蒸气清洁管路。

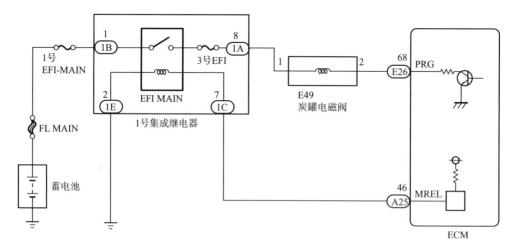

图 2-103　丰田凯美瑞轿车 5AR-FE 发动机炭罐电磁阀控制电路

在讲述了发动机电控系统的组成及各分系统电路后，下面以瑞风多点燃油喷射发动机的整个控制电路进行识图说明。

图2-104电路主要包括了发动机控制单元（ECM）的电源电路和燃油泵控制电路。蓄电池常电通过接线盒中的ECU熔丝向ECM提供记忆电源，且向发动机控制继电器供电。点火开关在ON/START挡位时，供电通过点火开关向ECM连接器C15-4的端子12提供点火信号，且向油泵继电器及点火线圈供电。ECM收到点火信号后，控制发动机控制继电器及油泵继电器工作。

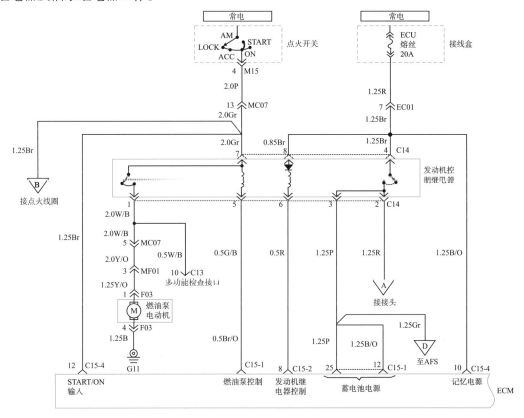

图2-104　控制单元电源电路和燃油泵控制电路

图2-105主要包括了怠速控制电动机、凸轮轴位置传感器、曲轴位置传感器、脉冲电磁阀电路。打开点火开关时，发动机控制继电器（主继电器）向这些传感器和执行器供电。

怠速控制执行机构是双线圈型的，它有两个线圈，这两个线圈由ECM中分开的驱动级驱动。脉冲电磁阀指的是燃油蒸发排放系统的炭罐电磁阀，炭罐电磁阀是占空比控制型的，它调节活性炭罐通往进气歧管的净化空气流量。

图2-106主要包括了前、后氧传感器及喷油器电路。主继电器向前、后两个氧传感器和四个缸的喷油器供电。该电控系统采用的是加热型氧传感器，由ECM控制其加热过

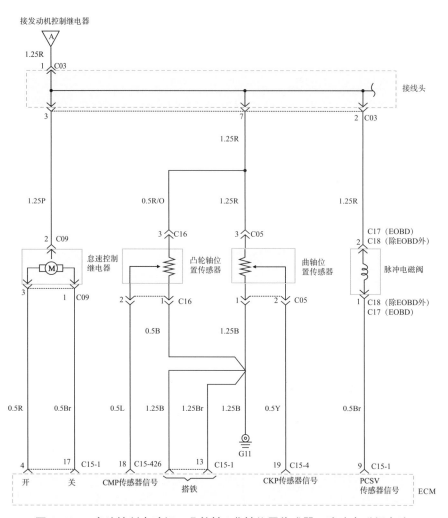

接发动机控制继电器

图 2-105　怠速控制电动机、凸轮轴／曲轴位置传感器、脉冲电磁阀电路

程，使氧传感器在发动机运转初期尽快达到理想的工作温度。加热型氧传感器感应排气管中废气的氧浓度，把它转换成电压信号，再发送至ECM。当空气/燃油混合比小于理论空燃比时，氧传感器输出约1V电压，而当空燃比大于理论值时（排气中氧浓度较高）输出大约0V电压。基于此信号，ECM修正燃油喷射量，从而使空燃比保持在理论范围内。

　　发动机ECM按照1-3-4-2的工作顺序，在正确时刻控制各缸喷油器动作，使喷油器开启，进行燃油喷射。

　　图2-107主要包括了节气门位置传感器、空气流量传感器、进气压力传感器、冷却液温度传感器线路。节气门位置传感器、进气压力传感器和空气温度传感器统一由ECM提供传感器电源（5V电源）。发动机控制模块利用进气压力传感器信号确定发动机负荷状况，利用空气流量传感器信号测量出空气流量，并根据进气温度传感器信号及冷却液温度传感器信号提供所需的燃油喷射量控制。

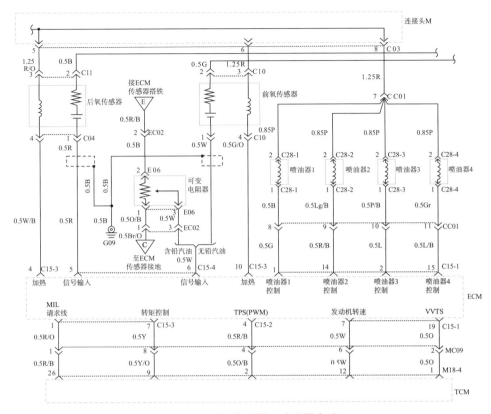

图 2-106 氧传感器、喷油器电路

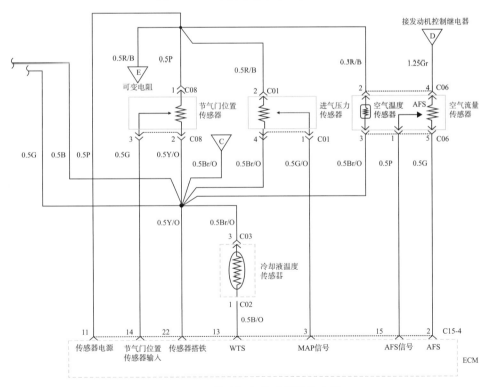

图 2-107 发动机各传感器连接电路

图2-108所示为点火系统电路。该发动机采用的是分组点火系统。点火线圈1负责1、4缸点火，点火线圈2负责2、3缸点火，它们分别由ECM连接器C15-1的端子10、23发出点火控制信号。

　　打开点火开关到ON/START位置时，点火线圈和点火故障传感器通电。对于无EOBD（电子车载诊断）功能的发动机电控系统，则没有点火故障传感器这一电气元件和相应电路。点火故障传感器端子3与点火线圈初级绕组供电端（端子1）相连，检测点火系统是否存在点火失效故障。同时，在发动机正常工作时，将点火脉冲信号转换成发动机转速脉冲信号，发送给组合仪表上的转速表。

　　点火正时是由发动机控制模块（ECM）控制的，ECM根据各种传感器信号和被存储在ECM中的数据发出点火指令。切断初级电流的点火信号被发送至功率晶体管，当功率晶体管截止时，点火线圈被激活，次级线圈感应出点火高压实现火花塞跳火。

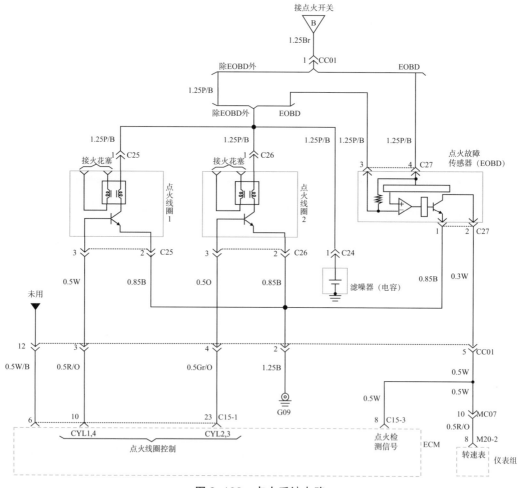

图2-108　点火系统电路

　　图2-109主要包括发动机故障指示灯、爆燃传感器、动力转向压力开关和发动机ECM的其他输入输出控制电路。发动机控制系统不是一个独立的控制系统，发动机的运

行状况与汽车运行工况息息相关。这些相关的控制系统包括以下几个。

①空调系统：检测 A/C 开关信号和压力开关输入信号，控制空调压缩机继电器。

②启动系统：由 ECM 接通或断开启动继电器，控制起动机的工作。

③动力转向系统：动力转向油压开关感应动力转向负荷，把它转换为低/高电压并输入 ECM 之后，ECM 根据这些信号控制怠速电动机，调节发动机转速。

④充电系统：通过"G""FR"信号检测发电机工作状态，提高发动机转速或调节发电机输出电压。

此外，发动机还具有自诊断的功能。人工诊断是通过仪表上的故障指示灯输出故障码，而智能诊断则要采用诊断仪，通过连接多功能诊断接头输出诊断结果。

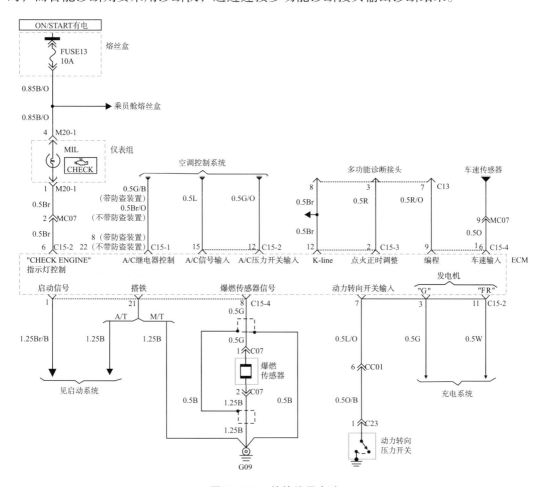

图 2-109　其他信号电路

第十节 自动变速器（AT）电控系统

一 自动变速器电控系统的组成

目前汽车的自动变速器都采用了电子控制系统。电子控制系统能按汽车行驶的需要选择相应的挡位，实现更复杂、更合理的控制，获得更理想的经济性和动力性，并可简化液压控制系统，提高控制精度和换挡速度。

自动变速器电控系统由传感器、控制开关、执行器及自动变速器控制模块（TCM）等组成。起亚A4CF自动变速器电控系统的结构如图2-110所示，各传感器与执行器功能如表2-1所示。

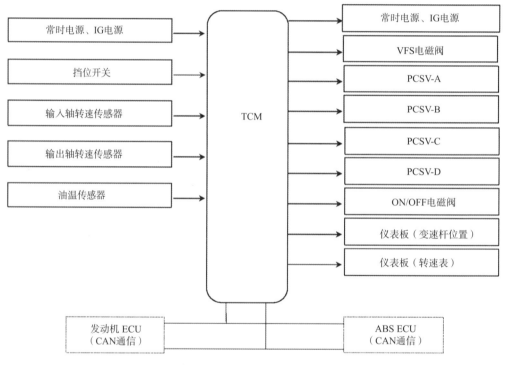

图2-110 起亚A4CF自动变速器电控系统的结构

自动变速器控制模块根据传感器检测所得节气门开度、车速、油温等运转参数，以及各种控制开关送来的当前状态信号，经运算比较和分析后按设定的程序，向各个执行器发出指令，以操纵阀板总成中各种控制阀的工作，从而最终实现对自动变速器的控制。

如图2-111所示，TCM除用于控制变速器本身的工作外，还通常与其他系统的控制单元相连，如发动机控制单元（ECU）、ABS控制单元等。从这些控制单元中获得与自动变速器有关的信号，或将自动变速器工况通过电信号传给其他系统的控制单元，使其他系统的工作与自动变速器相配合。

表2-1　传感器与执行器功能

项　　目	功　　能
输入轴转速传感器	检测超速挡离合器/倒挡离合器保持架的输入轴转速（涡轮转速）
输出轴转速传感器	检测传输从动齿轮的输出轴转速（传输从动齿轮转速）
发动机转速信号	通过CAN与ECM通信，接收发动机转速
油温传感器	通过热敏电阻检测ATF的温度
制动开关	检测制动踏板触点开关处的制动器操作
ON/OFF电磁阀（SCSV-A）	为换挡控制液压通道
VFS电磁阀	根据节气门开度和换挡位置改变管路压力从4.5bar（0.45MPa）到10.5bar（1.05MPa）
PCSV-A（SCSV-B）	控制超速挡离合器或低倒挡制动器液压到压力控制阀以便换挡
PCSV-B（SCSV-C）	控制2-4挡制动器或倒挡离合器液压到压力控制阀以便换挡
PCSV-C（SCSV-D）	控制低速挡离合器液压到压力控制阀以便换挡
PCSV-D（DCCV）	控制用于锁止离合器控制的液压
仪表盘	发送变速杆当前位置和车速信号

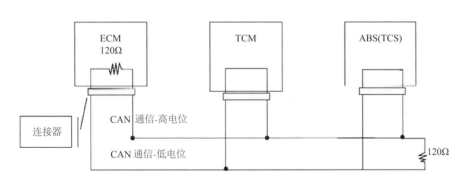

图2-111　TCM与其他控制单元的通信

二　自动变速器传感器

1 节气门位置传感器

如图2-112所示，节气门位置传感器安装在发动机节气门体上，并与节气门阀门联动，是由驾驶员通过加速踏板来控制的。其作用是测量发动机节气门的开度，使控制单元了解发动机负荷，以此作为自动变速器换挡的一个重要依据。

2 输入轴转速传感器

输入轴转速传感器与车速传感器类似，也分电磁感应式传感器和霍尔式传感器。如

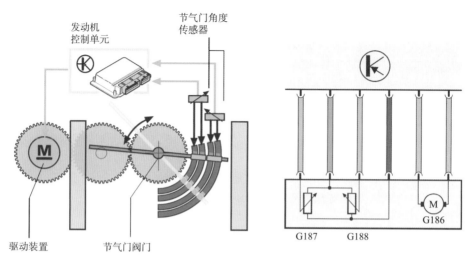

発动机
控制单元

节气门角度
传感器

驱动装置　　　节气门阀门　　　　　　G187　　　G188　　　　　　G186

图2-112　节气门位置传感器及电路

图2-113所示，它安装在行星齿轮机构输入轴（液力变矩器涡轮输出轴）附近或与输出轴连接的离合器鼓附近的壳体上，用以检测自动变速器输入轴转速信号，该信号使电子控制单元对换挡过程的控制更为精确，同时该信号与发动机转速信号比较可计算出液力变矩器的传动比，优化油路压力控制过程和锁止离合器的控制过程，改善换挡质量，提高汽车的行驶性能。其结构、工作原理与车速传感器相同。

图2-113　输入轴转速传感器

3　输出轴转速传感器

输出轴转速传感器用来检测自动变速器输出轴的转速，并换算成汽车行驶的车速，它是自动变速器换挡控制的一个重要依据。

（1）电磁感应式转速传感器　如图2-114所示，输出轴转速传感器安装在变速器输出轴附近，为了获取感应信号，必须靠近装在输出轴上的驻车锁止齿轮或感应转子。它主要由永久磁铁和电磁感应线圈两部分组成。

电磁感应式转速传感器的工作原理如图2-115所示，当输出轴转动时，驻车锁止齿轮或感应转子的凸齿不断地靠近和离开转速传感器，使感应线圈内的磁通量发生变化，从而产生交流感应电压。车速越高，输出转速就越高，感应电压的脉冲频率也就越高。控制单元则按照单位时间内感应出的电压脉冲数，计算输出轴转速，然后换算成车速。

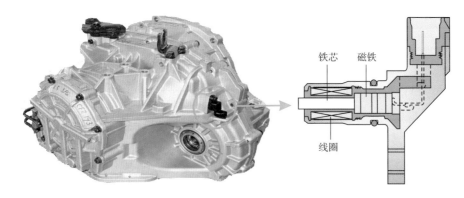

图 2-114　电磁感应式输出轴转速传感器

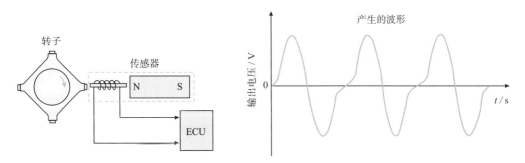

图 2-115　电磁感应式转速传感器工作原理

（2）霍尔式转速传感器　当霍尔元件中有电流经过并有磁场垂直施加于此元件时，将产生一分别垂直于磁场和电流且与电流和磁场强度成正比的电压，这些电压信号就是输出轴转速传感器脉冲信号。

如图 2-116 所示，霍尔式转速传感器上的霍尔元件读取输出轴上驻车锁止齿轮齿隙的变化磁场并将它转换为脉冲波。然后，这些脉冲波将被送到 TCM。当车轮开始转动时，霍尔式传感器开始产生一连串的信号，脉冲的个数将随着车速增加而增加。

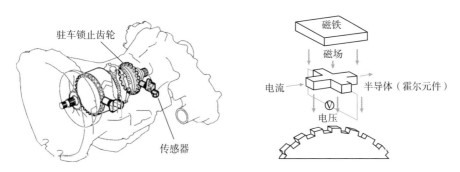

图 2-116　霍尔式输出轴转速传感器

4 ATF 油温传感器

如图 2-117 所示，油温传感器安装在液压控制阀体上。其主要作用是将自动变速箱内的 ATF 温度转换成电压信号传输至 TCM，以作为 TCM 进行换挡控制、油压控制、锁止离合器控制的依据。在汽车起步或低速大负荷行驶时，液力变矩器转速比小，效率低，发热严重，造成油温升高，在超过某一温度界限时，变速器要在较高的发动机转速状况下才开始换挡。

自动变速器油温度传感器为一具有负温度系数特性的热敏电阻，温度越高时，电阻越小。TCM就是根据其电阻的变化算出自动变速器油液温度的。当ATF温度为10℃时，油温传感器的电阻为5.8~7.0kΩ。当ATF温度为110℃时，油温传感器的电阻为0.23~0.26kΩ。

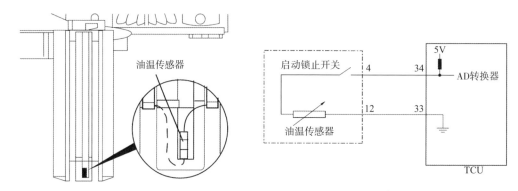

图 2-117　ATF 油传感器及其电路

三　控制开关

1　挡位开关

挡位开关又称空挡启动开关、多功能开关（大众车系）。如图2-118所示，挡位开关位于手动阀摇臂轴上或操纵手柄下方，用以检测操纵手柄的位置，它由几个触点组成。

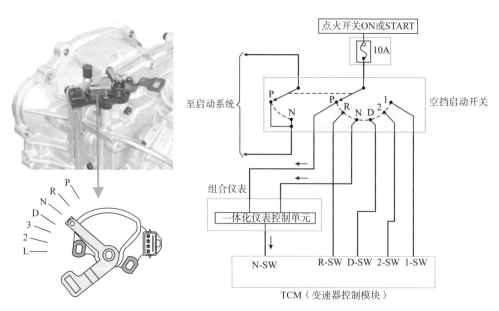

图 2-118　挡位开关及电路

当操纵手柄位于不同的位置时，相应的触点被接通。电子控制单元依据被接通的触点，测得操纵手柄的位置，从而按照不同的程序控制自动变速器的工作。

对于自动变速器车辆，空挡启动开关具有控制启动继电器，接通启动系统电路的功能，还可将变速器操纵手柄位置信号（P、R、N、D等）传送给组合仪表进行挡位显示。

② 制动灯开关

如图2-119所示，制动灯开关安装在制动踏板支架上。当踩下制动踏板时开关接通。开关通知自动变速器控制单元制动已经使用，即解除锁止信号，松开变矩器锁止离合器，同时点亮制动灯。这种功能还可防止当后轮制动被抱死时，发动机突然熄火。

此外，制动灯开关信号还用于解除换挡杆锁定及取消正在使用的巡航控制系统。当踩下制动踏板时，开关接通，STP端子电压为12V；当松开制动踏板时，开关断开，STP端子电压为0V。ECU根据STP端子的电压变化了解制动系统的工作情况。

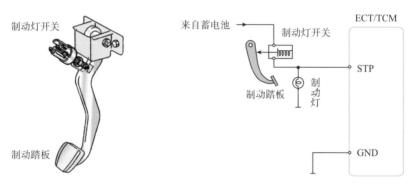

图 2-119　制动灯开关及电路

③ 超速挡开关

如图2-120所示，超速挡开关（O/D开关）装在自动变速器操纵手柄上，由驾驶员操作控制，使ECT可以或禁止进入超速挡行驶。

O/D开关一般用在四挡自动变速器上，4挡为超速挡。按下O/D开关时，仪表上的O/D OFF指示灯亮，ECT在任何情况下都不能换入超速挡（4挡），只能以其他前进挡（1~3）行驶。这是为了减少自动变速器频繁换挡，防止变速器油温升高，且能提高乘坐的舒适性。

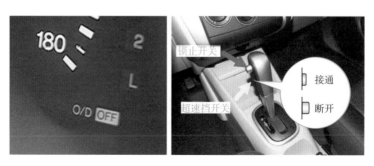

图 2-120　O/D 指示灯与超速挡开关

超速挡开关电路的工作原理如图2-121所示。

超速挡开关OFF（断开）：当超速挡开关未被按下时，开关触点是断开的，TCM的OD端子信号电压为12V，变速器能换至超速挡。

超速挡开关ON（接通）：按下超速挡开关时，开关触点闭合，电流由蓄电池经O/D指示灯、O/D开关后接地，ECU的OD端子信号电压为0V。此时，TCM不允许变速器换入超速挡；同时，O/D OFF指示灯亮。

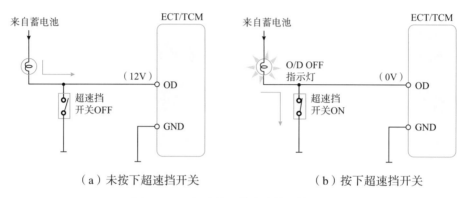

（a）未按下超速挡开关　　　　　（b）按下超速挡开关

图2-121　超速挡开关电路的工作原理

4> 换挡模式开关

模式开关用于选择自动变速器的换挡控制模式。不同的模式，换挡规律不同。常用的模式有普通模式（Normal）、动力模式（Power）和经济模式（Economy）。动力模式以获得最大动力性为目标设计换挡规律，具有转速高，升挡迟的特点；经济模式以获得最佳燃油经济为目标设计换挡规律，具有转速低，升挡早的特点；普通模式则介于两者之间。

四 执行器

自动变速箱电控系统的执行器是各种电磁阀，常见的电磁阀有开关式和线性控制两种，它们都安装在液压控制阀体上。起亚汽车A4CF自动变速器的电磁阀体组成如图2-122所示。

1> 开关式电磁阀

开关式电磁阀的作用是开启或关闭自动变速器油路，可用于换挡及液力变矩器锁止离合器的控制。

开关式电磁阀由电磁线圈、衔铁、阀芯和回位弹簧等组成，它只有两种工作状态：全开或全关。开关式换挡电磁阀的工作原理如图2-123所示。

开关式电磁阀ON：当电磁线圈通电时，电磁力克服弹簧力吸引衔铁左移，打开泄油孔，同时球阀在供油侧油压的作用下关闭进油孔，控制油道内的压力油从泄油孔排出，此时，无压力油进入离合器液压缸，离合器不工作。

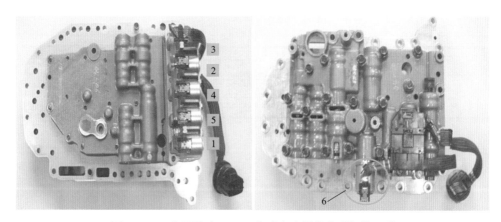

图 2-122　起亚汽车 A4CF 自动变速器的电磁阀体组成

1—PCSV-A：O/D 或 LR 油路控制电磁阀；2—PCSV-B：2ND 或 RVS 油路控制电磁阀；3—PCSV-C：UD 油路控制电磁阀；4—PCSV-D：锁止离合器油路控制电磁阀；5—ON/OFF　Sol　V/V：开关阀，控制 PCSV-A 打开 / 关闭 LR 与 O/D 油路（ON-LR 油路打开，OFF-O/D 油路打开）；6—VFS：线性电磁阀，油路压力控制电磁阀

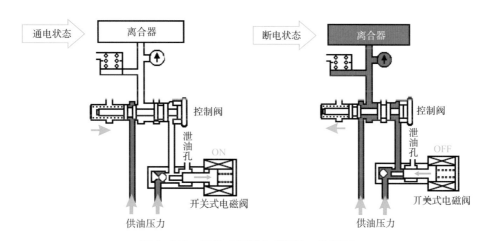

图 2-123　开关式换挡电磁阀的工作原理

开关式电磁阀 OFF：当电磁线圈断电时，电磁力消失，弹簧力推动衔铁右移，关闭泄油孔，同时推动球阀打开进油孔，供油压力进入控制油道，此时，压力油进入离合器液压缸，离合器进入接合（工作）状态。

❷ 线性控制电磁阀

线性控制电磁阀包括变矩器锁止离合器控制电磁阀（SLU）、管路压力控制电磁阀（SLT）和换挡压力控制电磁阀（SLS）。线性控制电磁阀的结构如图 2-124 所示，主要由电磁线圈、衔铁、阀芯等组成。TCM 通过改变脉冲的宽度即占空比来改变电磁阀开启 / 关闭的时间比例，达到控制油路压力的目的。

（1）管路压力控制电磁阀（SLT）　管路压力控制电磁阀接收到 TCM 的控制信号后，会控制线性节气流阀的压力以及离合器和制动带的管路压力，以减少换挡时的冲击。

TCM 通往管路压力控制电磁阀的电流越低，管路中的油压就越高。作为一种故障保

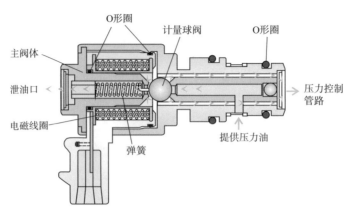

图 2-124　线性控制电磁阀的结构

护功能，如果SLT有任何异常，TCM可切断通往管路压力控制电磁阀的电流。这时，管路中的油压最大。

（2）锁止离合器控制电磁阀（SLU）　锁止离合器控制电磁阀控制液力变矩器内的锁止离合器，减小换挡冲击。

TCM通往锁止控制电磁阀的电流越高，管路中的油压就越高。作为一种故障保护功能，如果SLU有任何异常，TCM可切断通往锁止离合器控制电磁阀的电流。

（3）换挡压力控制电磁阀（SLS）　换挡压力控制电磁阀线性控制换挡电磁阀的油压，TCM控制换挡压力控制电磁阀的电流越低，管路中的油压就越高。

五　自动变速器控制系统电路示例

起亚K2轿车A4CF自动变速器控制系统电路如图2-125所示。

常时电源通过发动机室熔丝/继电器盒中的PCU2熔丝向TCM（自动变速器控制模块）的端子50提供记忆电源。打开点火开关时，ON电源通过发动机室熔丝/继电器盒中的INJ熔丝、短接连接器向TCM的端子39、54、55提供点火信号电源。ON/START电源通过室内接线盒的PCU4熔丝分别向变速器挡位开关的端子8、脉冲发生器A的端子3、脉冲发生器B的端子3供电。

脉冲发生器A通过端子2向TCM的端子57发送变速器输入轴转速传感器信号，脉冲发生器B通过端子2向TCM的端子59发送变速器输出轴转速传感器信号。

变速器挡位开关分别通过端子1、7、6、2、5、3向TCM发送P、R、N、D、2、L信号。同时，倒挡R信号控制倒车灯电路，P、N挡位信号控制启动系统。当变速器挡位开关在P、N位置时，开关滑动杆上的触点使挡位开关的端子9、10相通。变速器挡位开关在D位置时，按下变速杆开关，将向TCM发送超速开关信号。

TCM根据端子53输入的车速信号和脉冲发生器提供的输入、输出速度信号计算换挡时机，向ATM电磁阀发送换挡指令，并调节ATF压力及进行变矩器锁止控制。

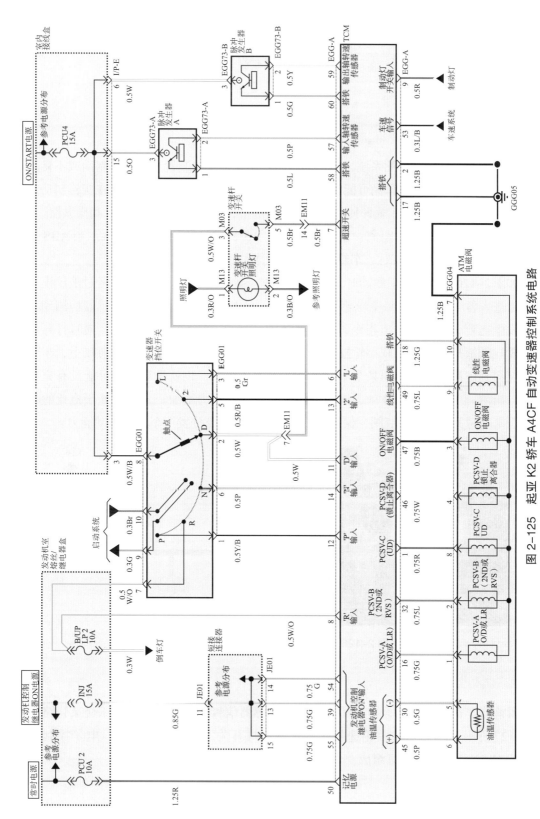

图 2-125 起亚 K2 轿车 A4CF 自动变速器控制系统电路

第二章 | 汽车电气系统电路识读

第十一节　防抱死制动系统（ABS）

 ABS 的作用与工作原理

ABS 即汽车制动防抱死系统，是制动时防止车轮抱死的装置。在突然制动或不良路面状态下发生车轮抱死时，车辆可能失控且制动距离增加。ABS 的作用就是在实施制动过程中防止车轮抱死，从而使车辆即使在紧急制动情况下，也能保持方向稳定性和操纵性。

ABS 能有效减少制动距离：正常路面 10%~15%；湿滑路面 25%~40%。当 ABS 比较车轮的滑动量为 10%~15% 时，车轮制动能力最佳。

如图 2-126 所示，常规制动时，ABS 不工作，制动油液直接从储液罐经过液压模块中的通道进入各个轮缸，对每个车轮进行制动。一旦 ABS ECU 通过轮速传感器检测到某个车轮发生抱死，ECU 即发出指令，关闭进液阀，制动液将不再进入轮缸，同时打开出液阀将轮缸的液压油排出，减小轮缸的压力，因此作用于此车轮的压力将会减小，车轮抱死情况得到解决。如检测到某个车轮远未达到抱死状态，也就是制动力可能没有充分被利用，出液阀关闭，制动液从进液阀进入轮缸，使制动力增加。若车轮处于抱死的临界状态，则同时关闭进、出液阀，保持轮缸的制动压力，充分发挥车辆的制动能力。

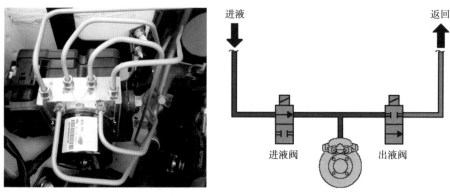

图 2-126　ABS 液压控制模块及工作原理

 ABS 的组成

目前汽车都标配 ABS，应用了四个轮速传感器信号输入、四通道液压交叉管路。如图 2-127 所示，ABS 通常由轮速传感器、制动灯开关、液压控制单元、电子控制单元（ABS ECU）和 ABS 警告灯组成。

三　ABS 电路示例

起亚 K2 轿车的 ABS 控制电路如图 2-128 和图 2-129 所示。

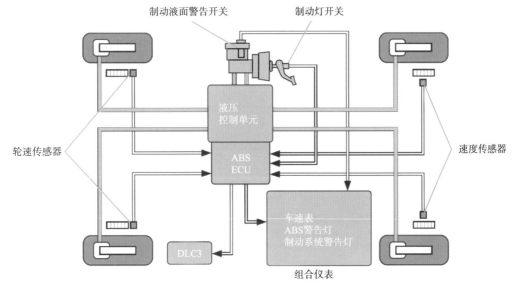

制动液面警告开关　　制动灯开关

液压
控制
单元

轮速传感器　　　　　　　　　　　　　　速度传感器

ABS
ECU

车速表
ABS警告灯
制动系统警告灯

DLC3

组合仪表

图 2-127　ABS 的组成

1 电源信号输入

①常时电源通过发动机室熔丝/继电器盒中的熔丝 ABS1 和 ABS2，分别输入 ABS 控制模块端子 1 和 25，为 ABS 控制模块中的电动机和电磁阀提供电源。

②点火开关处于 ON/START 位置，电流通过室内接线盒中的 ABS 熔丝，到 ABS 控制模块端子 32，为 ABS ECU 提供点火信号。

2 轮速信号

轮速信号为交变信号，分别由四个轮速传感器提供：前左轮速传感器、前右轮速传感器、后左轮速传感器和后右轮速传感器。

3 行车制动信号

踩下制动踏板时，电流经过制动灯开关到 ABS 控制模块端子 30，输入行车制动信号。

4 电磁阀

当电磁阀线圈的一端连接阀继电器提供的（+）电压，另一端连接半导体电路搭铁时，电磁阀工作。在正常工作状态下，始终通过占空比控制，对电磁阀进行诊断，检查电磁阀的功能。

5 ABS 警告灯

如果点火开关 ON，警告灯亮，并在系统正常工作时约 3s 后熄灭。

6 驻车制动警告灯

当应用驻车制动，或者储油罐内的制动油量低时，警告灯亮。

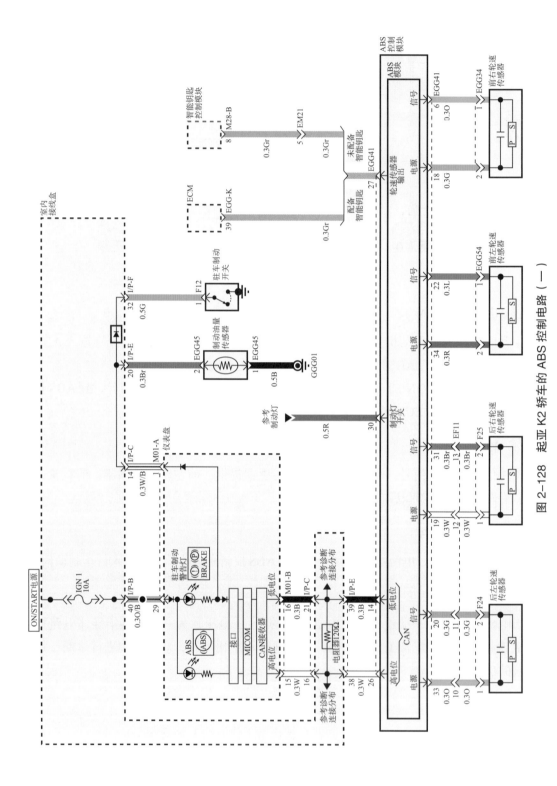

图 2-128　起亚 K2 轿车的 ABS 控制电路（一）

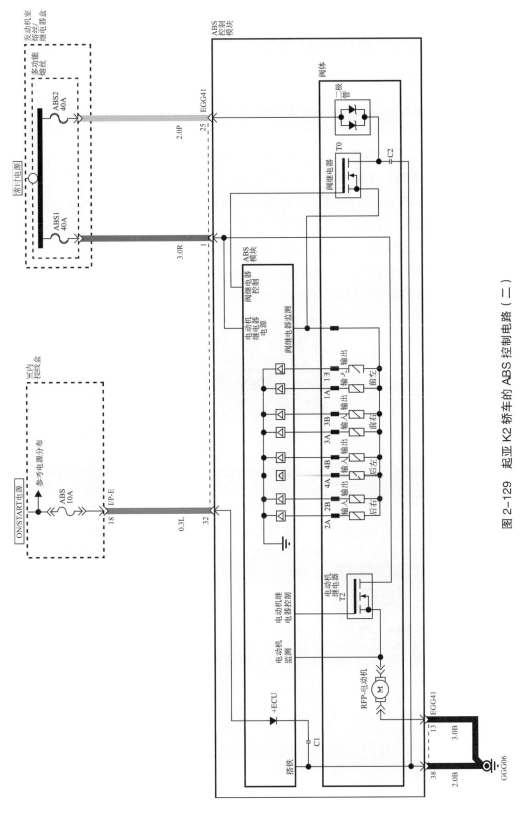

图 2-129 起亚 K2 轿车的 ABS 控制电路（二）

第十二节　智能钥匙系统（一键进入与启动系统）

一　智能钥匙系统的作用与组成

　　智能钥匙系统又称智能进入与启动系统、一键进入与启动系统或无钥匙进入与启动系统。智能钥匙系统通过车辆和钥匙之间的低频和高频信号来验证用户是否合法。

　　验证的方法是车辆向用户携带的钥匙发送低频的随机数征询，然后钥匙向车辆发送加密的射频响应信号进行验证。相对于传统的通过遥控钥匙控制车门开或关及通过点火钥匙启动的汽车，无钥匙进入与启动系统提高了用户的舒适性和安全性。

　　如图2-130所示，智能钥匙系统由发射器、遥控接收器、车内低频天线、车外低频天线、车门请求开关、智能钥匙ECU组成。

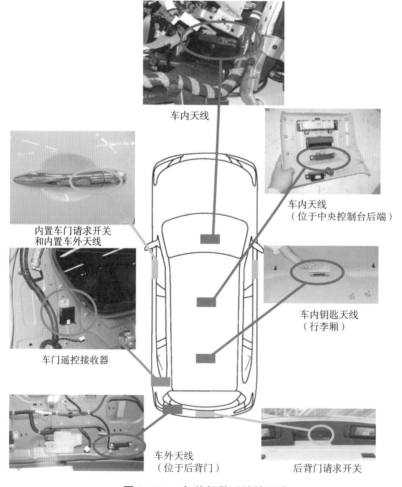

车内天线

车内天线
（位于中央控制台后端）

内置车门请求开关
和内置车外天线

车内钥匙天线
（行李厢）

车门遥控接收器

车外天线
（位于后背门）

后背门请求开关

图2-130　智能钥匙系统的组成

二 智能钥匙系统的工作原理

智能钥匙系统的工作原理如图2–131所示。

配备智能钥匙系统的车辆，在驾驶员侧车门和前乘员侧车门的外侧把手上配备了LF（低频）通信类型天线，用于发射125kHz低频信号。车门把手上的请求开关充当触发器，向智能钥匙ECU发送开锁或锁止车辆的意图。

当智能钥匙接收到125kHz的请求信号时，自动回复无线电信号（高频信号）给遥控接收器（车门遥控调谐器），再由接收器将信息转送给智能钥匙ECU。智能钥匙ECU控制所有有关被动开锁、被动闭锁和用于发动机启动操作的被动授权功能。

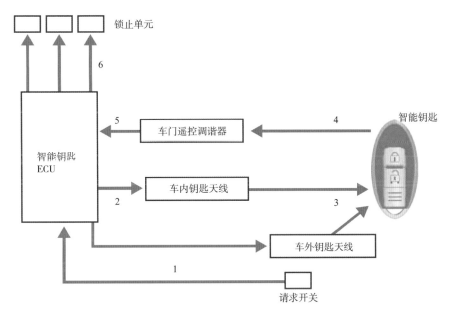

图2–131 智能钥匙系统的工作原理

1—当按下车门请求开关时，电路接地；2—智能钥匙ECU启动对应按下的请求开关的外部天线及所有内部天线；3—天线发出低频信号，搜寻信号范围内的智能钥匙；4—如果智能钥匙接收到信号，它将把钥匙ID传送给车门遥控调谐器；5—智能钥匙ECU验证智能钥匙ID；6—如果验证成功，智能钥匙ECU将操纵车门锁止单元

发动机启动功能：当驾驶员携带智能钥匙进入车内后，如智能钥匙ECU通过车内天线检测到智能钥匙，且通过验证，可通过发动机启动/停止按钮来启动发动机。

三 智能钥匙系统电路示例

起亚K2轿车的智能钥匙系统电路如图2–132~图2–135所示。智能钥匙系统各主要部件的作用如下。

①智能钥匙控制模块：

a.控制电源继电器（ACC、IG1、IG2、启动）；

b.通过B-CAN通信，传输被动闭锁/开锁信号至BCM控制模块；

c.通过与ECM（发动机启动许可）串联通信传输认证信息；

d.驱动车内、外低频天线工作及进行智能钥匙认证；

e.诊断功能（通过K-线路与诊断仪通信）；

f.根据C-CAN通信信息自动设定发动机状态、变速器规格（AT/MT）。

g.不同的钥匙防盗通信数据和认证。

②智能钥匙外侧手柄：

a.在车门区域外部检测智能钥匙（内置LF天线）；

b.被动闭锁/开锁（按钮式）。

③智能钥匙保险杠天线：在行李厢区域外部检测智能钥匙（内置LF天线）。

④仪表盘：钥匙防盗指示灯、警告蜂鸣器输出、警告信息。

⑤智能钥匙天线（内部）：在内部区域检测智能钥匙。

⑥智能钥匙行李厢天线：在行李厢区域检测智能钥匙。

⑦启动/停止按钮（SSB）：用于发动机启动/停止和电源转换。

⑧电源分配继电器：SMK电源分配控制继电器（ACC、IG1、IG2、启动）。

⑨智能钥匙：传输唯一的ID和无线远程控制信号。

⑩外部蜂鸣器：产生不同的警告或操作，被动闭锁/开锁确认警告。

⑪ECM：

a.通过C-CAN通信传输发动机状态信息（发动机OFF/运行/启动/ETC）；

b.与智能钥匙控制模块进行与发动机能否启动相关的信息通信。

⑫行李厢盖手柄开关：输入开关信号用于被动行李厢盖开启控制。

　　智能钥匙与先前使用的传统机械钥匙或遥控信号通信钥匙不同，在驾驶员仅仅携带智能钥匙的状态，可按下车门手柄上的按钮，发送开锁请求信号来打开车门；也可踩下制动踏板，按下发动机启动/停止按钮来启动发动机。

　　1~3号智能钥匙天线为车内LF天线，用来检测智能钥匙是否在车内。若智能钥匙控制模块在内部区域检测到智能钥匙并通过验证，则可以启动发动机。

　　智能钥匙外侧手柄上的LF天线和智能钥匙保险杠天线可检测车外的智能钥匙是否处于有效范围。若能通过验证，可按下外侧手柄上的按钮打开车门或行李厢门/行李厢盖。

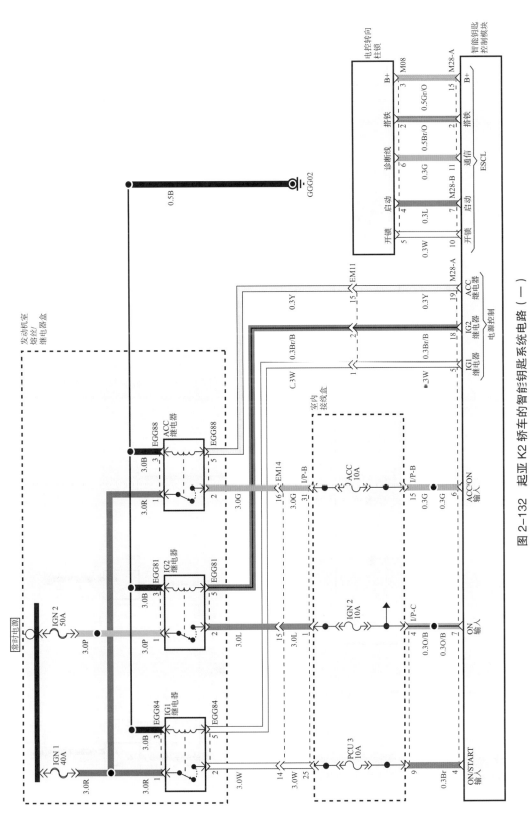

图 2-132 起亚 K2 轿车的智能钥匙系统电路 (一)

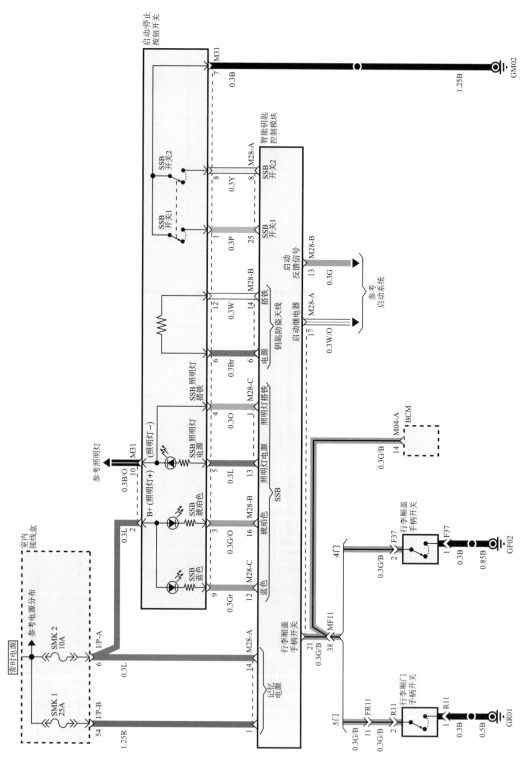

图 2-133　起亚 K2 轿车的智能钥匙系统电路（二）

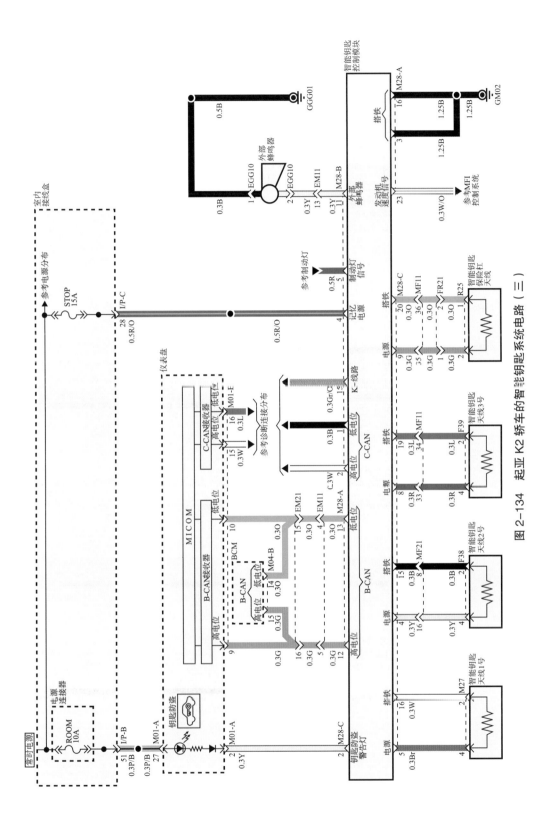

图 2-134 起亚 K2 轿车的智能钥匙系统电路（三）

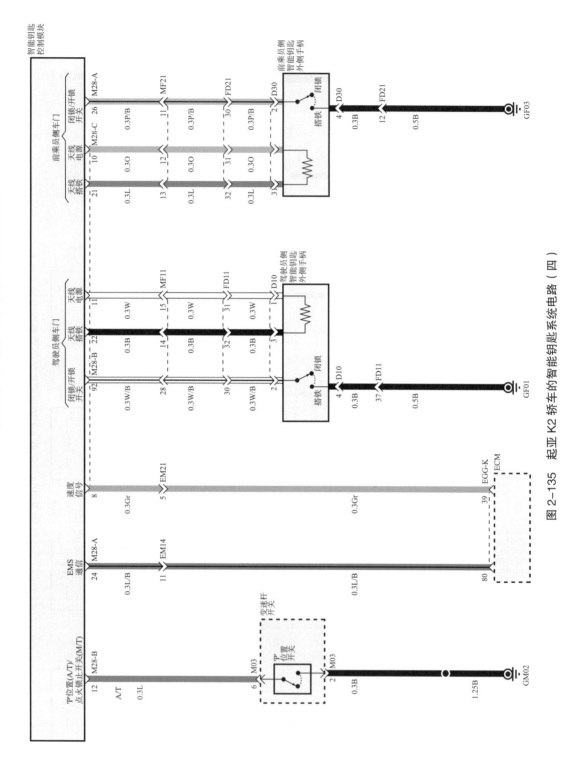

图 2-135　起亚 K2 轿车的智能钥匙系统电路（四）

汽车电路识读入门全图解

134

CHAPTER

3

第一节 大众／奥迪车系电路识图

 电路符号说明

大众/奥迪车系电路符号说明如表3-1所示。掌握这些电路符号的含义有助于看懂该车系的汽车电路图。

表3-1 大众／奥迪车系电路符号说明

符　号	说　明	符　号	说　明
	线束的插头连接		机械开关
	元件上插头连接		压力开关
	元件上可拆式导线连接		温控开关
	不可拆式导线连接	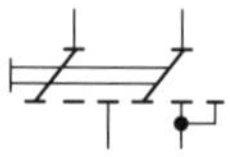	多挡手动开关
	元件内部导线连接		电阻
	熔丝	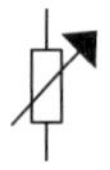	可变电阻
	手动开关		温控电阻
	按键开关		灯泡
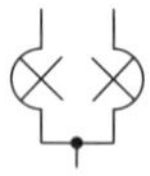	双丝灯泡		点烟器
	电动机		火花塞和火花塞插头

符　号	说　明	符　号	说　明
	二极管	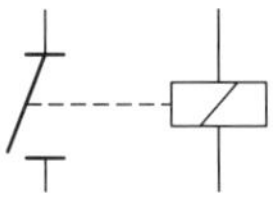	继电器
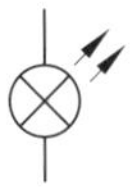	发光二极管	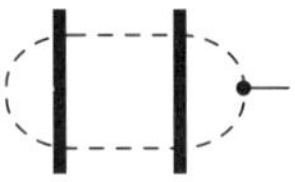	导线屏蔽
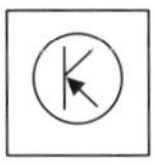	电子控制器		线圈
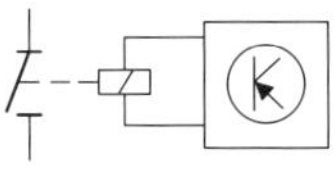	继电器（电子控制）	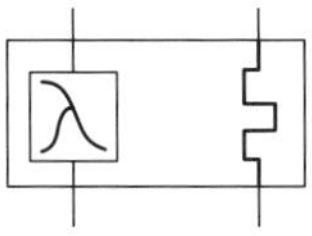	氧传感器
	显示仪表		数字钟
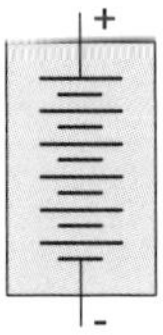	蓄电池	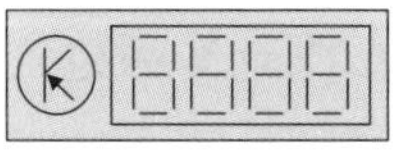	多功能显示
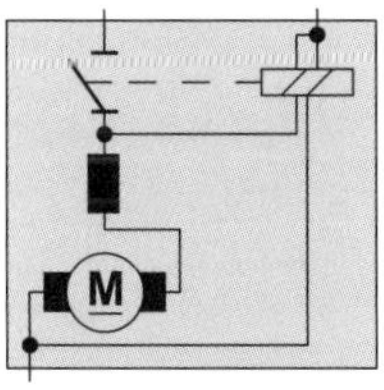	起动机		霍尔传感器
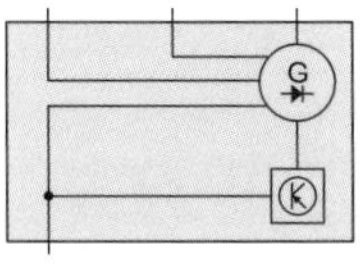	交流发电机	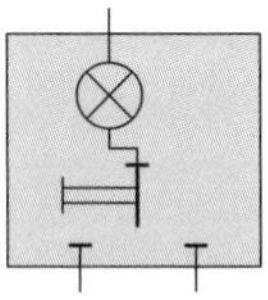	内部灯
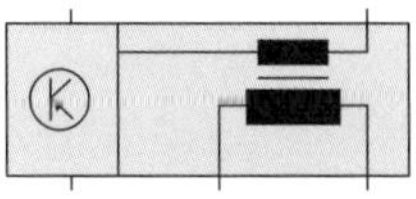	点火线圈	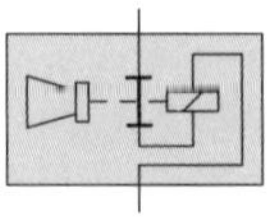	喇叭
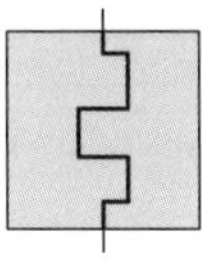	可加热后窗玻璃		过热熔丝

137

第三章　汽车电路识图实践

符　号	说　明	符　号	说　明
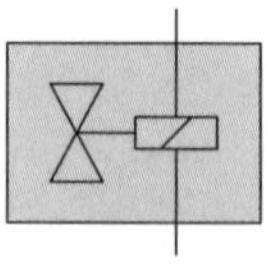	电磁阀		爆燃传感器
	天线		螺旋弹簧
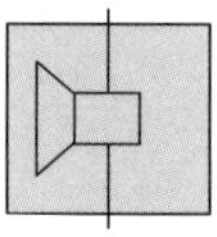	收音机喇叭	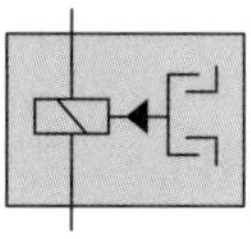	换挡杆锁电磁阀
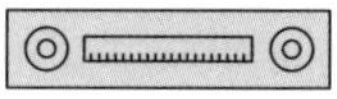	收音机		

二　接线端子代号

在大众/奥迪车系的电路图中，电器的接线端子上标有端子代号，用来表示此端子的电路功能。表3-2介绍了大众/奥迪车系电气系统接线端子代号。

表3-2　大众/奥迪车系电气系统接线端子代号

端子	说　明	端子	说　明
1	点火线圈初级线圈的负极连接端。注意高电压危险	56b	近光灯
4	点火线圈、点火分配器导线的高压输出端。注意高电压可能致命	58	常规侧灯用电器
15	点火时接通电压并为启动相关的用电器/行程相关的用电器供电	58d	侧灯打开时的辅助切换或调光输出端
15a	在启动过程中接通电压，例如提高点火系统的电压以便启动	58L	左侧灯/尾灯
16	点火线圈开关输出的末级，功能与15a相同	58R	右侧灯/尾灯
30	恒正极	61	充电控制装置的连接端（通常也称为"L"端子）
30a	恒正极，通常有时间限制（车内照明）	D+	交流发电机励磁线圈的供电输出端
31	负极或接地	D-	交流发电机接地端/发电机负极
49	为指示灯继电器正极供电	DFM	交流发电机容量的信号输出端（励磁场监视器）
49a	由指示灯继电器发出，用于指示灯供电的脉冲电压输出	75	为与行程相关、启动无关的用电器正极供电（发动机启动时关闭）

汽车电路识读入门全图解

端子	说　明	端子	说　明
L	左转向信号（在交流发电机上还常设有连接/充电检测控制功能）	X	和端子75的功能相同（大众汽车使用的内部代号）
R	右转向信号	S	收音机功能的开关输出端（拔出点火钥匙时关闭）
50	起动机的电磁阀开关/点火开关的输出端的连接端	85	继电器线圈的负极连接端
50b	和端子50功能相同，但另设时间偏移功能	86	继电器线圈的正极连接端
53	风窗玻璃刮水器1级位置	87	锁止继电器的开关输出端
53a	风窗玻璃刮水器系统正极供电	87a	常闭触点/断路装置继电器的开关输出端
53b	风窗玻璃刮水器2级位置	87b	锁止继电器的第二开关输出端，继电器关闭时不与端子87连接
54	制动灯	NS	雾灯
56	灯光开关输出端，为近光灯和远光灯供电	NSL	后雾灯
56a	远光灯	RFL	倒车灯

二 电路导线颜色代码

大众/奥迪车系电路导线颜色代码如表3-3所示。

电路图上的导线都标有颜色代码、截面积，导线颜色以英文简写表示。如果导线是双色的，则用两种颜色的英文简写共同标记：前面的为主色，后面的为辅色，中间用斜线分开。例如：gn/ge表示绿黄色。

表3-3　大众/奥迪车系电路导线颜色代码

英文简写	颜色	英文简写	颜色	英文简写	颜色	英文简写	颜色
ws	白色	gr	灰色	sw	黑色	li	淡紫色
ro	红色	ge	黄色	br	棕色	or	橙黄色
gn	绿色	rs	粉红色	bl	蓝色		

四 电路识读方法

大众/奥迪车系电路识读方法如图3-1所示，识读说明如表3-4所示。大众/奥迪车系电路图有三个显著的特点：所有电路都纵向排列，垂直布置；采用断线接续号解决电路交叉问题；电路图分为三部分，最上面部分为中央配电盒电路，中间部分为电器分布及电路走向，下面部分为线路搭铁情况，底下的横线为31搭铁线。

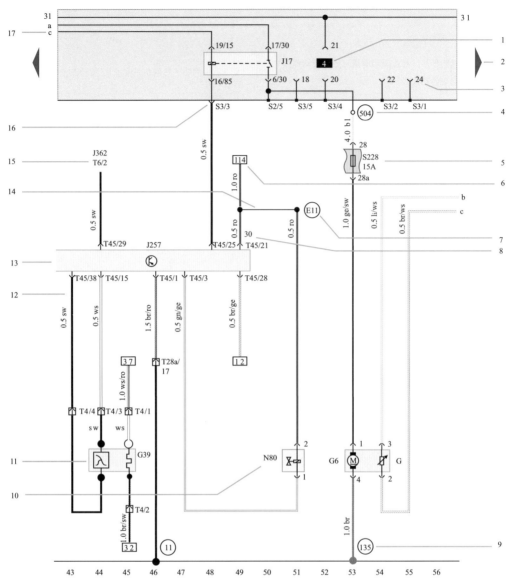

图 3-1　大众 / 奥迪车系电路识读方法

表 3-4　大众 / 奥迪车系电路识读说明

标注	名　称	含　义
1	继电器位置编号	标记继电器板上的继电器位置
2	箭头	表示零件继续到电路图的下一页
3	继电器板上继电器/控制单元连接的名称	它标记多芯插头连接的单个接点，图中所示为继电器板或继电器支架插接位置"4"上的"24"接点
4	继电器板上的螺栓	位置在继电器板上，圆圈表示的是可松开的螺栓连接

标注	名 称	含 义
5	熔丝名称	例如，S228表示228号熔丝，15A，在熔丝座上
6	导线连接走向	框中的数字表示导线以哪个电流路径继续布置，电路图最下方的序号为导线接续号。这是大众/奥迪车系电路的一个显著特点
7	线束内的连接名称	在图例中可以找到不可松开的连接处于哪个导线束中的说明
8	接线端子的名称	表示在原厂零件上可以找到的或多芯插头连接的接头编号。例如，T45/21表示T45连接器上的端子21，30表示常电
9	线束接地点或者接地连接名称	在图例中可以找到汽车中接地点位置，或者不可松开的连接在哪个导线束中的说明
10	部件名称	在电路图页面底部的图例说明中可以找到零件的名称
11	部件符号	用来表示组件类型的部件图形
12	导线截面积（单位mm²）和导线颜色	在电路图旁边的颜色图表中解释了缩写
13	带空白标记页的线路标记	线路标记的空白页表示零件在另一个电路图中继续。相应电路图的编号可以从目录中提取
14	内部连接（细线）	此连接不是真实存在的导线，但内部的连接却是导电连接。通过它们可以追寻零件和导线束内部的电流流向
15	参看导线至一个零件的走向	图中所示的是此导线通往防盗锁止系统控制器J362，带6芯插头连接的端子2
16	继电器板上某个插头连接的名称	说明多芯或单芯插头连接和导线的布置情况，S3/3表示多芯插头连接S3的端子3
17	指示内部连接的走向	字母表示在上一页或下一页电路图连接的地方

五 电路识读示例

大众帕萨特轿车后风窗电动遮阳卷帘电路如图3-2所示。

打开点火开关到ON位置时，车身控制单元J519向15供电继电器J329发出控制信号，使继电器闭合，电流从蓄电池正极A+经熔丝SB25→J329端子3/30→J329端子5/87→KL15端熔丝SC1、SC4，分别向后窗遮阳卷帘控制单元J262、后窗遮阳卷帘开关E149供电。

按下E149开关时，开关向J262的端子T6aa/4发出后窗遮阳卷帘操作请求信号，然后再由控制单元J262驱动后窗遮阳卷帘电动机工作。工作电流最后经J262的端子T6aa/2接地。

打开灯光开关时，车身控制单元J519通过端子T52b/51向后窗遮阳卷帘照明灯L77供电，电流最后经接地点617回到蓄电池负极。

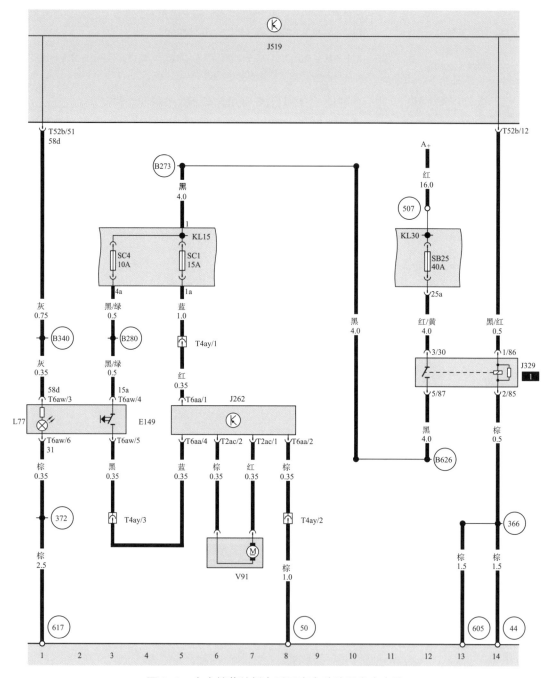

图 3-2　大众帕萨特轿车后风窗电动遮阳卷帘电路

汽车电路识读入门全图解

一 电路符号说明

起亚/现代车系电路符号说明如表3-5所示，牢记这些符号有助于看懂该车系的汽车电路图。

表3-5 起亚/现代车系电路符号说明

项目	符 号	说 明	项目	符 号	说 明
部件	表示部件全部（实线方框）	表示部件全部	连接器	10 公连接器 M05-2 母连接器	表示在部件位置索引上连接器编号
	表示部件的一部分（虚线方框）	表示部件的一部分		R Y/L 3 1 E35 R Y/L	表示对应端子编号（仅相关端子）
					虚线表示2根导线同在E35导线连接器上
	表示导线连接器在部件上	表示导线连接器在部件上	导线	B	表示下页继续连接
	表示导线连接器通过导线与部件连接	表示导线连接器通过导线与部件连接		Y/R	表示黄色底红色线条导线
				从C52 A 至MC02	表示这根导线连接在所显示页。箭头表示电流方向。可以在标记位置看到"A"
	表示导线连接器用螺钉固定在部件上	表示导线连接器用螺钉固定在部件上		R 电路图名称	箭头表示导线连接到其他线路
				自动变速器 G 手动变速器 G G	表示根据不同配置选择线路（指示判别有关选择配置为基准的电路）
	搭铁符号（圆点和三条线重叠连接在部件上），表示部件的壳体连接到车辆上的金属部件上	搭铁符号（圆点和三条线重叠连接在部件上），表示部件的壳体连接到车辆上的金属部件上	连接	L L	一定数量线束连接以圆点表示。精确的位置和连接根据车辆不同
	制动灯开关 PHOTO 03	部件名称 部件位置图编号	搭铁	G06	表示导线末端在车辆金属部件上搭铁
屏蔽导线	G06	表示为防波套，防波套要永久搭铁（主要用在发动机和变速器的传感器信号线上）	灯泡	双丝灯泡图形	双丝灯泡
				单丝灯泡图形	单丝灯泡
短接连接器	短接连接器图形	表示多线路短接的导线连接器	二极管	二极管图形	二极管
				发光二极管图形	发光二极管
				稳压二极管图形	稳压二极管

第三章 汽车电路识图实践

项 目	符 号	说 明	项 目	符 号	说 明
易熔丝	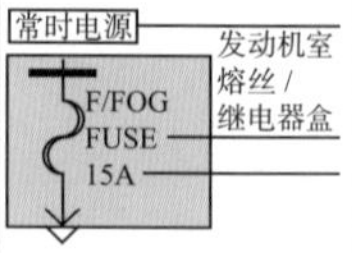 常时电源 发动机室熔丝/继电器盒 F/FOG FUSE 15A	常时提供电源 名称 容量	三极管	C B NPN E	NPN型三极管
				C B PNP E	PNP型三极管
熔丝	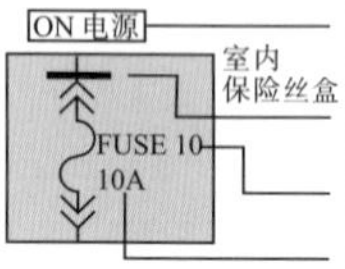 ON电源 室内保险丝盒 FUSE 10 10A	表示点火开关ON时的电源 表示短接片连接到每个熔丝 编号 容量	一般部件符号	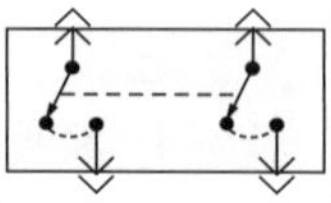	表示开关沿虚线摆动,而细虚线表示开关之间的联动关系
电源连接器		蓄电池电源			开关(单触点)
					加热器
一般部件符号		传感器			电容器
		传感器			扬声器
		喷油器			喇叭,蜂鸣器,警笛,警铃
		电磁阀	继电器	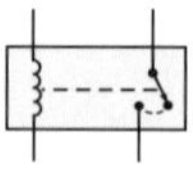	常开式
					表示线圈没有流过电流时的状态当线圈流过电流时连接转换
	M	电动机			二极管内装继电器
		蓄电池			电阻器内装继电器

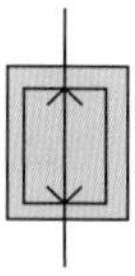

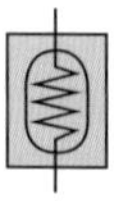

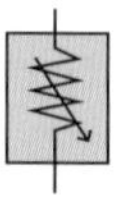

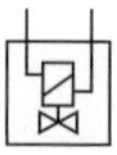

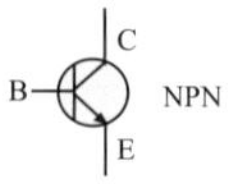

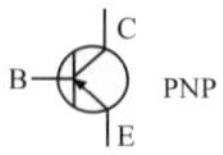

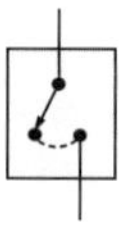

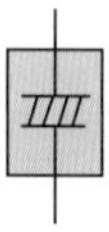

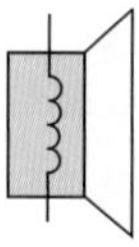

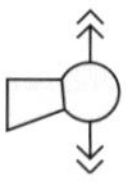

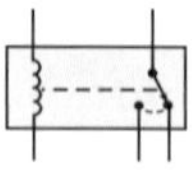

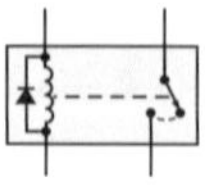

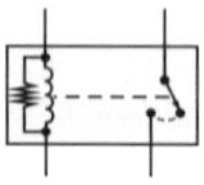

汽车电路识读入门全图解

144

起亚/现代车系电路识读方法如图3-3所示。每个电路图的页首都标明了该电路图对应的电气系统和系统代码，方便准确查找系统电路和翻页。

图3-3中用序号标注的内容具体含义如下。

①系统名称/系统代码　每一页由系统电路组成，包括电流的路径，各个开关的连接状态以及当前其他相关电路的功能。在故障检修前正确理解相关电路是非常重要的，它适用于实际的维修工作。

②连接器配置页码　原始的起亚/现代车系电路手册中有一个连接器视图（CV）文件，此处的"C.10-3"表明了该连接器在该文件中的页码位置，找到此页，就可以查阅到该连接器或部件（线束侧、非部件侧）的正面图、连接器颜色、端子编码、导线颜色、端子功能。可以按照第④项的连接器视图和编号顺序，在每个连接器的端子上标记编号，没有连接线束的端子以"-"进行标记，如图3-4所示（CV10-8在电路图中用C.10-8表示）。

③根据线束连接器辨别线束　在线束间连接的连接器分为公、母连接器，在连接器视图上可以看到，如图3-5所示。

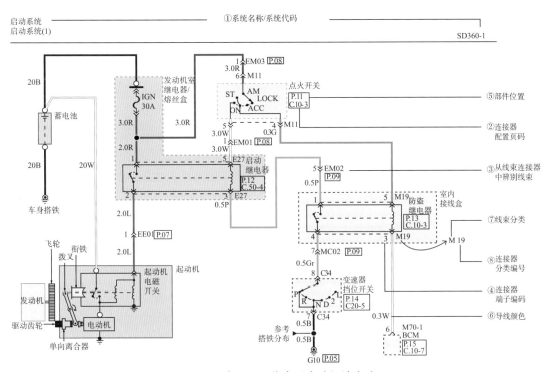

图3-3　起亚/现代车系电路识读方法

第三章　汽车电路识图实践

主线束（4）	CV10-8

M37 前雨刮器电动机　- 6 母 / 黑色（KUM_NMWP_06F_B）

a
b
c

连接器端子信息
1. G　前雨刮器开关（低速）
2. P　前雨刮器开关（高速）
3. Y　室内接线盒 - F15 25A
4. B　搭铁（GHG01）
5. L　发动机室熔丝 / 继电器盒-继电器12
6. -　-

没有连接线束的端子

a：连接器端子编号
b：连接器端子区分
　- 母端子：F
　- 公端子：M

c：连接器颜色缩写
　- B（黑色）　- Br（棕色）
　- G（绿色）　- Gr（灰色）
　- L（蓝色）　- R（红色）
　- W（白色）　- Y（黄色）

图 3-4　连接器（部件）视图

线束连接

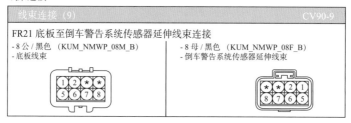

线束连接（9）	CV90-9

FR21 底板至倒车警告系统传感器延伸线束连接

- 8 公 / 黑色（KUM_NMWP_08M_B）
- 底板线束

- 8 母 / 黑色（KUM_NMWP_08F_B）
- 倒车警告系统传感器延伸线束

图 3-5　线束连接（部件）视图

④连接器端子编码（表3-6）

表 3-6　连接器视图和编码顺序

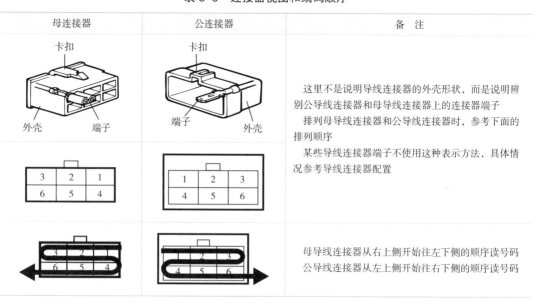

母连接器	公连接器	备　注
卡扣 外壳　端子	卡扣 端子　外壳	这里不是说明导线连接器的外壳形状，而是说明辨别公导线连接器和母导线连接器上的连接器端子 排列母导线连接器和公导线连接器时，参考下面的排列顺序 某些导线连接器端子不使用这种表示方法，具体情况参考导线连接器配置
3　2　1 6　5　4	1　2　3 4　5　6	
3　2　1 6　5　4	1　2　3 4　5　6	母导线连接器从右上侧开始往左下侧的顺序读号码 公导线连接器从左上侧开始往右下侧的顺序读号码

⑤部件位置　为了方便寻找部件（如图3-3中的点火开关，M11为连接器编号），在

汽车电路识读入门全图解

电路图上用"PHOTO No."（P.11）表示在部件名称的下面，可以在起亚/现代车系电路手册的部件位置（CL）文件中找到该图片。为了方便区别连接器，图片内的连接器以安装到车上的状态进行表示。如图3-6所示，第29张照片和第30张照片分别代表电路图中的P.29和P.30，可以很容易在图中找到连接器的位置。

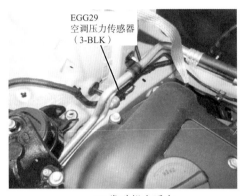
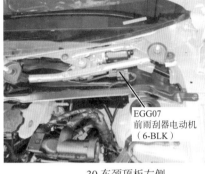

EGG29
空调压力传感器
（3-BLK）

EGG07
前雨刮器电动机
（6-BLK）

29.发动机室后右   30.车颈顶板左侧

图3-6　部件位置图

⑥导线颜色　电路图中用于识别导线颜色的缩写字母如表3-7所示。对于有两种颜色的导线，底色（主色）的缩写字母标在"/"的前面，线条色（辅色）标在"/"的后面。

⑦线束分类　根据线束的不同位置，把线束分为表3-8所列的几类。

表3-7　导线颜色缩写字母

缩写字母	导线颜色	缩写字母	导线颜色	缩写字母	导线颜色	缩写字母	导线颜色
B	黑色	Gr	灰色	O	橙色	W	白色
Br	棕色	L	蓝色	P	粉色	Y	黄色
G	绿色	Lg	浅绿色	R	红色	Ll	浅蓝色

表3-8　线束的分类

符号	线束名称	位置
D	车门线束	车门
E	前线束、点火线圈、蓄电池、喷油嘴延伸线束	发动机舱
F	底板线束	底板
M	主线束	室内
R	后保险杠、行李厢门、后除霜器线束	后保险杠、后除霜器、行李厢门

这些代表线束类型的字母是有含义的，如车门线束"D"是车门"DOOR"的缩写；发动机舱线束"E"是发动机"ENGINE"的缩写；底板线束"F"是地板"FLOOR"的缩写；主线束"M"是主要"MAIN"的缩写；后线束"R"是后面/背部"REAR"的缩写。

⑧连接器识别　连接器识别代号由线束位置识别代号和连接器识别代号组成，如果要找到连接器在车上的分布位置，可以参考线束布置图。

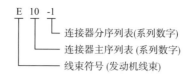

线束与线束之间连接器的表示方法如下：

接线盒识别符号由对应线束位置的位置分类符号和对应接线盒内连接器的编号组成。

三 电路识读示例

起亚K2轿车的冷却系统电路如图3-7所示，该电路图的系统代码为SD253-1。

蓄电池提供常时电源，经过熔丝到发动机控制继电器。发动机控制继电器由ECM（端子30）进行控制。当点火开关ON时，ECM控制发动机控制继电器ON。电源通过发动机控制继电器提供到冷却风扇（低速/高速）继电器的端子5。

根据发动机冷却水温传感器和空调操作状态，ECM控制冷却风扇（低速/高速）继电器ON，提供电源到冷却风扇电动机。

1 冷却风扇低速运转

冷却风扇（低速）继电器端子3通过ECM的端子31搭铁。继电器线圈被磁化，冷却风扇（低速）继电器触点（1和2）闭合，电源通过继电器开关提供到冷却风扇电动机（端子2）。因为电源通过冷却风扇电动机的内部电阻提供到电动机，电压下降，电动机以低速运转。

2 冷却风扇高速运转

冷却风扇（高速）继电器端子3通过ECM的端子53搭铁。继电器线圈被磁化，冷却风扇（高速）继电器触点（1和2）闭合，电源通过继电器开关提供到冷却风扇电动机（端子1）。因为电源不通过冷却风扇电动机的内部电阻提供到电动机，冷却风扇电动机以高速运转。

3 发动机冷却水温传感器（ECTS）

发动机冷却水温传感器（ECTS）测量发动机的冷却水温度。ECTS的电源通过串联电阻提供给冷却水温传感器。ECTS热敏电阻的电阻值随着温度的变化而改变，因而改变输出信号。当发动机冷态运转时，为了防止发动机失速和改善驾驶稳定性，PCM利用冷却水温传感器信号增加燃油喷射持续时间和控制点火时间，同时利用冷却水温度信息控制冷却风扇。

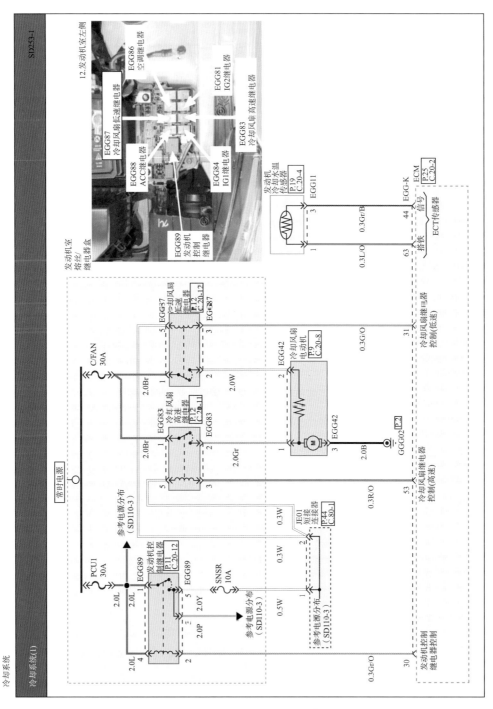

图 3-7 起亚 K2 轿车的冷却系统电路

一 电路导线颜色代码

丰田车系的电路导线颜色代码如表3-9所示。线路颜色也包括条纹颜色，如L-W，第一个字母代表线路底色，第二个字母代表条纹颜色。

表3-9　丰田汽车导线颜色代码

代码	颜色	代码	颜色	代码	颜色
B	黑色	W	白色	P	粉红色
G	绿色	SB	天蓝色	V	紫色
L	蓝色	BR	棕色	Y	黄色
O	橙色	GR	灰色		
R	红色	LG	淡绿色		

二 电路缩写语及含义

丰田车系电路图中常见的缩写语及含义如表3-10所示。了解这些缩写语有助于看懂丰田车系的汽车电路图。

表3-10　丰田车系电路图中常见的缩写语及含义

缩写语	含　义	缩写语	含　义
A/C	空调	HID	氙气大灯
ABS	防抱死制动系统	J/B	接线盒
ACIS	声控进气系统	LCD	液晶显示屏
CCAN	控制器区域网	LED	发光二极管
CPU	中央处理器	LH	左侧
CVT	无级变速器（传动桥）	M/T	手动传动桥
DLC3	数据链路连接器3	R/B	继电器盒
E.F.I.	电子燃油喷射	RH	右侧
EC	电镀铬	SRS	辅助乘员保护系统
ECM	发动机控制模块	TRC	牵引力控制
ECU	电子控制单元	VSC	车辆稳定控制
EPS	电动助力转向	VSV	真空开关阀
FL	熔断器	VVT	可变气门正时
GPS	全球定位系统	W/	带
		W/○	不带

丰田车系电路符号说明如表3-11所示。

表3-11　丰田车系电路符号说明

符　号	说　明	符　号	说　明
	蓄电池 　存储化学能并将其转换为电能。为车辆的各电路提供直流电		**接地** 　导线连接车身的点，从而为电路提供回路，没有接地线路，电流就无法流动。
	电容器（蓄电器） 　临时存储电压的小型存储单元	单灯丝 双灯丝	**大灯** 　电流使大灯灯丝发热并发光大灯可能具有单灯丝或双灯丝
	点烟器 　一种电阻加热元件		
	断路器 　通常指可重复使用的熔丝，大电流通过，则断路器会变热并断开。有些单元在冷却后自动复位，有些则必须手动复位		**喇叭** 　发出高频音频信号的电子装置
	二极管 　只允许电流单向流通的半导体		**点火线圈** 　将低压直流电转换为高压点火电流，使火花塞产生火花
	稳压二极管 　一种只允许电流单向流动，但仅在规定电压内时才能截止反向电流的二极管。起过该规定电压，稳压二极管允许过电流通过。可作为简易电压调节器使用		**灯** 　电流流过灯丝，使灯丝变热并发光
	光电二极管 　一种根据光线强度控制电流的半导体		**LED（发光二极管）** 　使用电流发光，与一般灯相比其发光时不会产生热量
	分电器 　将来自点火线圈的高压电流导至各火花塞		**模拟仪表** 　电流启动电磁线圈，使指针移动，从而提供一个与背景刻度相对照的相关显示
	熔丝 　一个金属薄片，如果流经的电流过大，则会熔断，从而可以切断电流以防电路受损	FUEL	**数字仪表** 　电流启动一个或多个LED、LCD或荧光显示屏，这些显示屏可提供相关显示或数字显示
（中等电流熔丝） （大电流熔丝或熔断丝）	**熔断丝** 　位于大电流电路中的粗导线，如果电流过大其将会熔断，从而保护电路		**电动机** 　将电能转化为机械能（特别是旋转运动）的一种动力装置

第三章　汽车电路识图实践

符　号	说　明	符　号	说　明
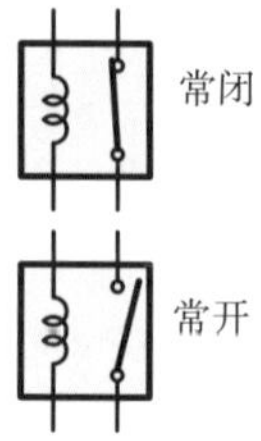 常闭 / 常开	**继电器** 　一般指可常闭或常开的电子操作开关。流经小型线圈的电流可产生磁场，打开或关闭所附属的开关		**扬声器** 　一种可利用电流产生声波的机电装置
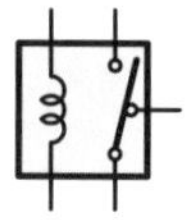	**双掷继电器** 　使电流流过两组触点中任意一组触点的一种继电器	常开 / 常闭	**手动开关** 　断开和闭合电路，因此可阻止或允许电流通过
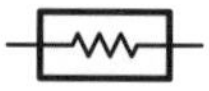	**电阻器** 　具有固定电阻的电子元件，安装在电路中以降低电压至规定值		**双掷开关** 　使电流持续流过两组触点中任意一组触点的一种开关
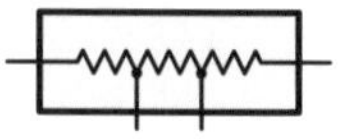	**抽头式电阻器** 　一种有两个或多个不同的不可调电阻值的电阻器		**点火开关** 　一种有多个位置的钥匙操作开关，可用来操作各种电路，特别是初级点火电路
	**可变电阻器或变阻器** 　一种带有可变电阻额定值的可控电阻器，也被称为电位计或变阻器		
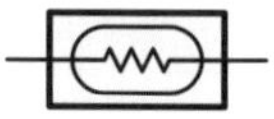	**传感器（热敏电阻）** 　电阻值随温度变化而变化的电阻器		**刮水器停止开关** 　关闭刮水器开关时，可自动将刮水器返回到停止位置
（舌簧开关式）	**转速传感器** 　使用电磁脉冲打开和关闭开关，以产生一个信号，用来启动其他部件		**晶体管** 　主要用作电子继电器的一种固态装置，根据施加在"基极"上的电压来阻止或允许电流通过
	短路销 　用来在接线盒内部建立不可断开的连接	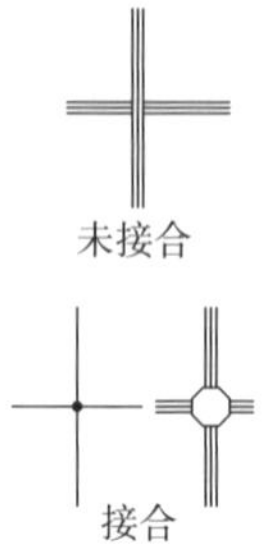 未接合 / 接合	**导线** 　在电路图中，导线通常用直线表示。在汇合处没有黑色圆点的交叉导线没有接合；在汇合处有黑色圆点或八角形（○）标记的交叉导线接合
	电磁线圈 　可在电流流过时产生磁场以便移动柱塞等		

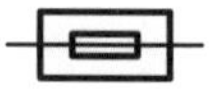

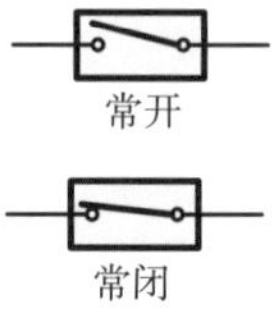

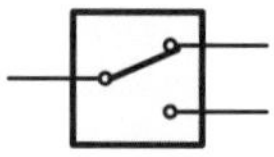

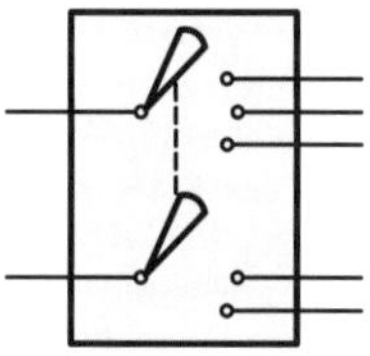

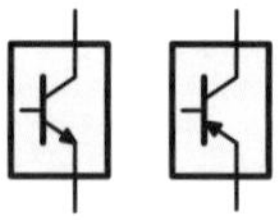

四 电路识读方法

丰田车系电路识读方法如图3-8所示，识读说明如表3-12所示。

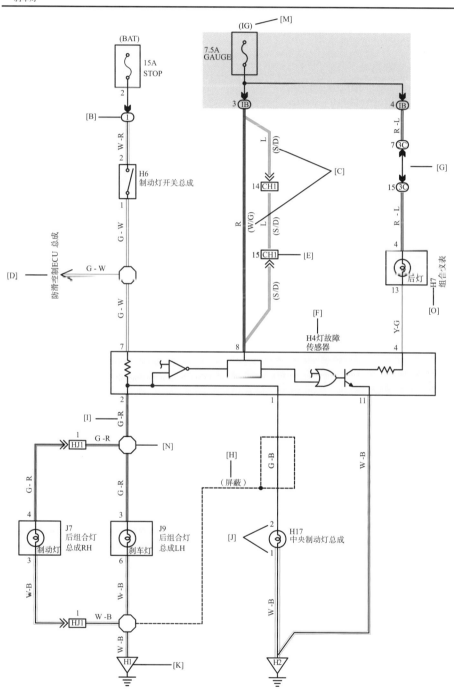

图 3-8　丰田车系电路识读方法

表 3-12　丰田车系电路识读说明

序号	说　明	序号	说　明
[A]	系统名称	[I]	表示接线颜色 接线颜色用字母代码表示。第一个字母表示基本接线颜色，第二个字母表示条纹的颜色 示例：L-Y L　　　　Y （蓝色）　（黄色）
[B]	表示继电器盒。未用阴影标示，仅标示继电器盒号码以与接线盒加以区分 示例：①表示1号继电器盒		
[C]	当车辆型号、发动机类型或规格不同时，用（）表示不同的接线和连接器等		
[D]	表示相关联的系统		
[E]	表示用来连接两根线束的（插头式和插座式）连接器的代码。连接器代码由两个字母和一个数字组成 锁止部分 插座　　　　　插头（ˇ） 插孔　　插销 连接器代码的第一个字母表示插座式连接器线束上的字母代码，第二个字母表示插头式连接器线束上的字母代码，第三个数字是存在相同线束组合时用来区别线束组合的序列号（如CH1和CH2） 符号 ˇ 表示插头式端子连接器。连接器代码外侧的数字表示插头式和插座式连接器的端子号码	[J]	表示连接器的端子号码 插座式连接器和插头式连接器的编号系统各不相同 插座　　　　　　插头 按照从左上方到右下方的顺序编号　　按照从右上方到左下方的顺序编号
[F]	代表一个部件（所有部件均以天蓝色表示）。该代码和部件位置图中使用的代码相同	[K]	表示接地点。该代码由两个字符组成：一个字母和一个数字。第一个字符表示线束的字母代码。第二个字符表示同一线束存在多个接地点时用来区别各接地点的序列号
[G]	接线盒（圆内数字为接线盒号码，旁边为连接器代码）。接线盒用阴影标示，用于明确区别于其他部件 示例： 7③C 15③C 3C表示其位于3号接线盒内	[M]	表示向熔丝供电时点火钥匙的位置
		[N]	表示线束接合点
[H]	表示屏蔽电缆	[O]	线束代码 各线束用代码表示。线束代码用于部件代码、连接线束和线束连接器的代码以及接地点代码。例如，H7（组合仪表）、CH1（连接线束的插头式连接器）和H2（接地点）表示这些部件属于同一线束H

五　电路识读示例

　　丰田1AZ-FE发动机的点火系统电路如图3-9所示。该发动机采用DIS（直接点火系统）。DIS是独立的点火系统，每个气缸都有一个点火线圈。DIS可确保点火正时的精度，减少高压损耗，并因停止使用分电器而提高了点火系统的整体稳定性。

汽车电路识读入门全图解

打开点火开关时，IG电流通过1号继电器盒中的IGN熔丝向各缸点火线圈供电，点火线圈通过接地点E1接地。发动机运转时，ECM按发动机工作顺序（1-3-4-2）向各缸点火线圈发出IGT点火信号。如点火成功，点火线圈将向ECM发送IGF点火反馈信号，以检测点火线圈的工作情况。

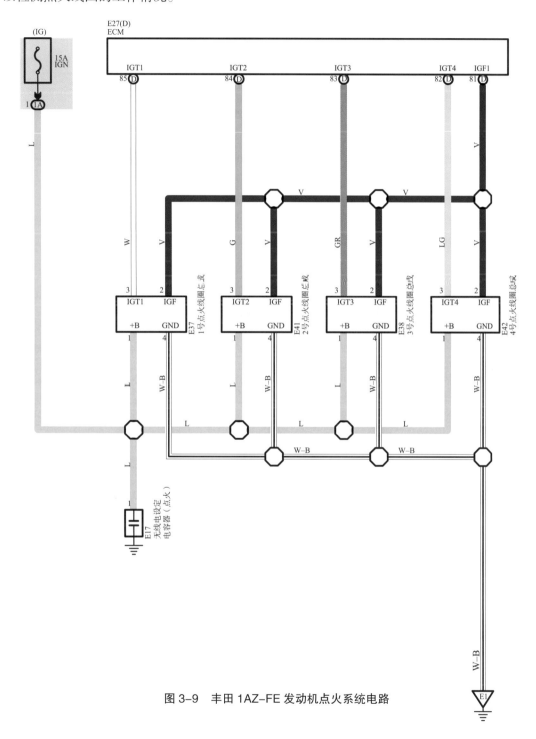

图3-9　丰田1AZ-FE发动机点火系统电路

一 电路导线颜色代码

本田车系导线颜色代码如表3-13所示。有的导线绝缘层只有一种颜色，有的导线绝缘层则在一种颜色的基础上加上另一种颜色的条纹，第二种颜色即为条纹颜色。

表3-13　本田车系导线颜色代码

代码	颜色	代码	颜色	代码	颜色	代码	颜色
WHT	白色	GRN	绿色	BRN	棕色	LT GRN	浅绿色
YEL	黄色	RED	红色	GRY	灰色		
BLK	黑色	ORN	橙色	PUR	紫色		
BLU	蓝色	PNK	粉红色	LT BLU	浅蓝色		

二 电路符号说明

本田车系电路符号说明如表3-14所示。

表3-14　本田车系电路符号说明

蓄电池	搭铁线		熔丝	线圈、电磁阀	点烟器
	搭铁线端子	部件搭铁线			
电阻器	可变电阻器	热敏电阻器	点火开关	灯泡	加热器
电动机	泵	继电器	喇叭	二极管	扬声器、蜂鸣器
天线		晶体三极管	开关（正常位置）		发光二极管（LED）
杆状天线	窗式天线		常开式开关	常闭式开关	
继电器（正常位置）		电容器	连接		插头	舌簧开关
常开式继电器	常闭式继电器		输入	输出		

本田车系电路识读方法如图3-10所示。

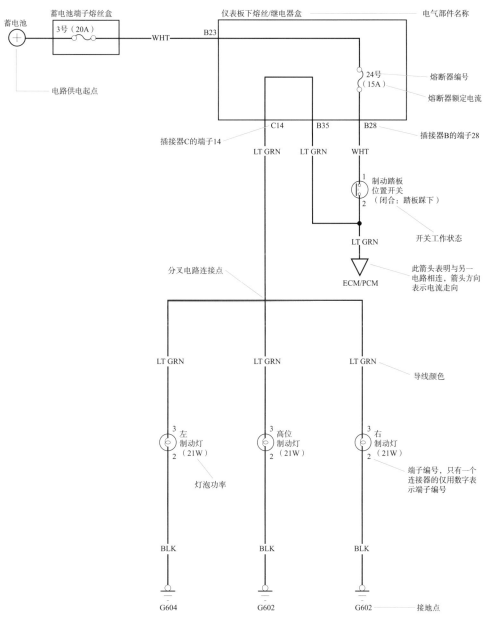

图3-10　本田车系电路识读方法

四　电路识读示例

　　本田飞度轿车启动控制系统电路如图3-11所示。该启动控制系统由点火开关（启动开关）、启动继电器、变速箱挡位开关和起动机等组成。

　　将点火开关打到启动挡，且变速箱挡位开关在P/N位置时，电流从蓄电池→1号熔丝

→60号熔丝→点火开关端子2（BAT）→点火开关端子1（ST）→起动机断电继电器电磁线圈→继电器盒端子B33→变速箱挡位开关→发动机舱接地点G101。于是，起动机断电继电器闭合，电流从继电器盒端子B16至电磁开关S端子，流入电磁开关内的线圈吸引铁芯。当铁芯被吸引时，连接到铁芯的拨杆就动作，使起动机单向离合器接合。同时，被吸引的铁芯将电磁开关的B端子和M端子接通，电流流向启动电动机，启动电动机工作。

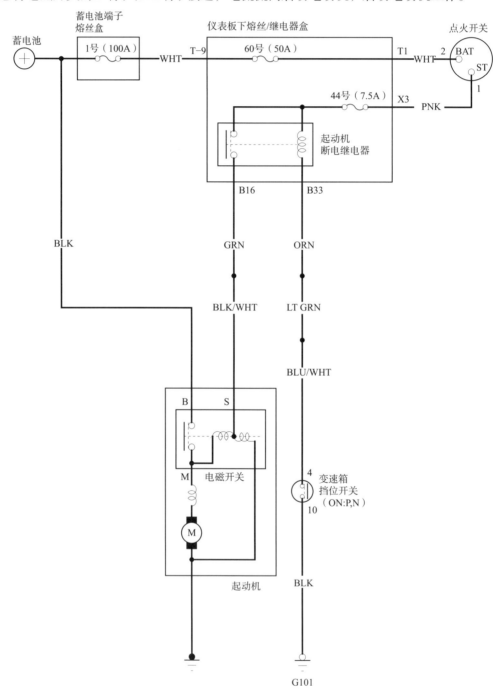

图 3-11 本田飞度轿车启动控制系统电路

第五节　马自达车系电路识图

一　电路导线颜色代码

马自达车系电路导线颜色代码如表3-15所示。

表 3-15　马自达车系电路导线颜色代码

代码	线色	代码	线色	代码	线色	代码	线色	代码	线色
B	黑色	DG	深绿色	LG	浅绿色	SB	天蓝色	Y	黄色
L	蓝色	GY	灰色	O	橙色	T	黄褐色		
BR	棕色	G	绿色	P	粉红色	V	紫色		
DL	深蓝色	LB	浅蓝色	R	红色	W	白色		

二　线束符号说明

马自达车系线束符号及名称如表3-16所示。

表 3-16　马自达车系线束符号及名称

线束名称	符号及图标		线束的名称	符号及图标	
前端线束	（F）		车门1号线束	（DR1）	
前端2号线束	（F2）	▨	车门2号线束	（DR2）	
发动机线束	（E）	◆◆◆◆	车门3号线束	（DR3）	—
前围板线束	（D）	○○○	车门4号线束	（DR4）	
后端线束	（R）		地板线束	（FR）	—
后方2号线束	（R2）	▨	车内灯线束	（IN）	—
后方3号线束	（R3）		A/C线束	（AC）	—
仪表板线束	（I）	—	喷射线束	（INJ）	—
排放线束	（EM）		手制动器线束	（HB）	—
排放2号线束	（EM2）	—			
排放3号线束	（EM3）				

三　电路符号说明

马自达车系电路符号说明如表3-17所示。

表 3-17　电路符号说明

符　号	含　义	符　号	含　义
蓄电池	·通过化学反应产生电 ·向电路提供直流电	照明灯 3.4W	·当电流流经电阻丝时发光、发热
接地（1） G01 接地（2） 接地（3）	·若有电流从蓄电池的正极向负极流动，则将接地点连接到车体或其他接地线 ·接地（1）表明一个接地点通过线束与车身搭铁之间的连接 ·接地（2）表明部件直接与车身搭铁接地的点 备注 ·若接地有故障，则电流不会流过电路	电阻	·电阻值恒定的电阻器 ·主要通过保持额定电压，来保护电路中的电气部件
熔丝	·当电流超过电路的规定电流值时，发生熔断并中断电流 警示 ·不要使用超过规定容量的熔丝进行更换	电动机 M	·把电能转变成机械能
熔丝(适用于强电流的保险丝)/熔丝	刃型熔断器　筒型熔丝 15 滤芯式　熔性连接	泵 P	·吸入、排放气体与液体
		点烟器	·产生热的电线圈
		附件插座	·内部电源
晶体管（1） 集电极（C） 基极（B）　NPN 发射极（E）	·电气开关的部件 ·当有电压加在基极（B）上时，开关打开 集电极指示标记 B E　C　ECB　E B　C	喇叭 扬声器	·当有电流通过时发出声音
		加热器	·当有电流通过时产生热量
晶体管（2） 集电极（C） 基极（B）　PNP 发射极（E）	●查阅代码 2SC 828 A　修订版标记 半导体　A: 高频PNP型 端子数量　B: 低频PNP型 C: 高频NPN型 D: 低频NPN型	点火开关 ST. B2 B1 IG2 关闭 关闭 IG1 ACC	·转动点火钥匙，使电路驱动各部件 注意 ·在柴油车辆上，点火开关称为发动机开关
开关（1） 常开（NO） 开关（2） 常闭（NC）	·通过断开或闭合电路允许或中断电流通过	线束连接 若电路C-D与电路A-B相连，则用一个黑色小圆点表示连接点D	A D B A D B C C 对于配备了防抱死制动系统的汽车，使用A-B电路

汽车电路识读入门全图解

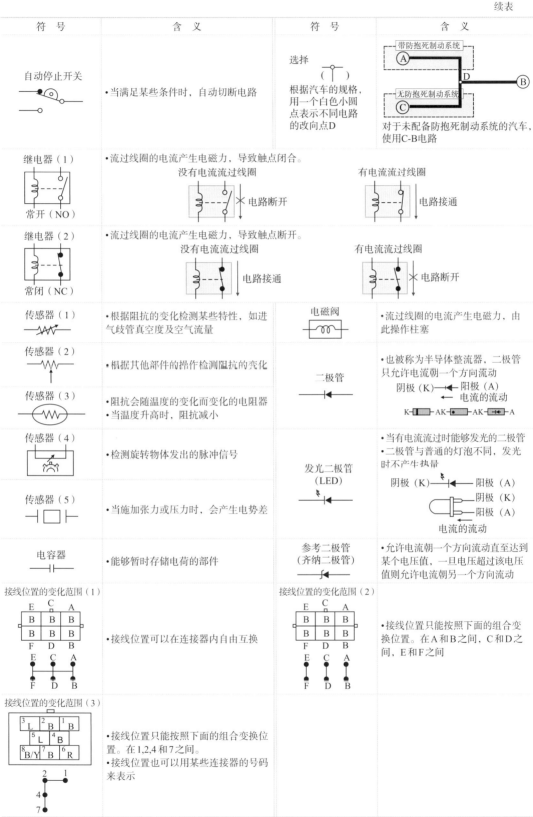

符　号	含　义	符　号	含　义
自动停止开关	·当满足某些条件时，自动切断电路	选择 根据汽车的规格，用一个白色小圆点表示不同电路的改向点D	带防抱死制动系统 无防抱死制动系统 对于未配备防抱死制动系统的汽车，使用C-B电路
继电器（1）常开（NO）	·流过线圈的电流产生电磁力，导致触点闭合。 没有电流流过线圈 电路断开 有电流流过线圈 电路接通		
继电器（2）常闭（NC）	·流过线圈的电流产生电磁力，导致触点断开。 没有电流流过线圈 电路接通 有电流流过线圈 电路断开		
传感器（1）	·根据阻抗的变化检测某些特性，如进气歧管真空度及空气流量	电磁阀	·流过线圈的电流产生电磁力，由此操作柱塞
传感器（2）	·根据其他部件的操作检测阻抗的变化	二极管	·也被称为半导体整流器，二极管只允许电流朝一个方向流动 阴极（K） 阳极（A） 电流的流动 K—AK AK—A
传感器（3）	·阻抗会随温度的变化而变化的电阻器 ·当温度升高时，阻抗减小		
传感器（4）	·检测旋转物体发出的脉冲信号	发光二极管（LED）	·当有电流流过时能够发光的二极管 ·二极管与普通的灯泡不同，发光时不产生热量 阴极（K）阳极（A） 阴极（K）阳极（A） 电流的流动
传感器（5）	·当施加张力或压力时，会产生电势差		
电容器	·能够暂时存储电荷的部件	参考二极管（齐纳二极管）	·允许电流朝一个方向流动直至达到某一电压值，一旦电压超过该电压值则允许电流朝另一个方向流动
接线位置的变化范围（1）	·接线位置可以在连接器内自由互换	接线位置的变化范围（2）	·接线位置只能按照下面的组合变换位置。在A和B之间，C和D之间，E和F之间
接线位置的变化范围（3）	·接线位置只能按照下面的组合变换位置。在1,2,4和7之间。 ·接线位置也可以用某些连接器的号码来表示		

第三章 汽车电路识图实践

马自达车系电路识读方法如图3-12及图3-13所示。电路图给出了各个系统从电源到接地的电路：电源在电路图页面的上半部分，接地在电路图页面的下半部分。

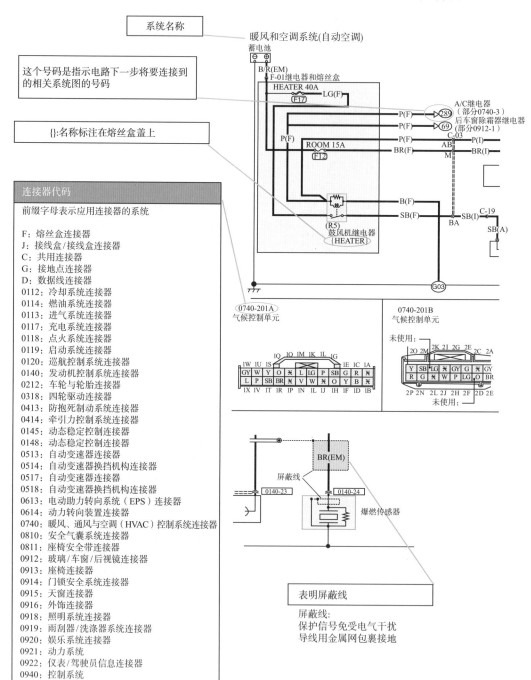

系统名称

这个号码是指示电路下一步将要连接到的相关系统图的号码

{}:名称标注在熔丝盒盖上

暖风和空调系统(自动空调)
蓄电池
B/R(EM)
F-01继电器和熔丝盒
HEATER 40A
F17
LG(F)

A/C继电器（部分0740-3）
P(F) 289
P(F) 69 后车窗除霜器继电器（部分0912-1）
C-03
P(F) P(I)
ROOM 15A
P(F)
F12 BR(F) AB BR(I)
M

B(F)
SB(F) BA SB(I) C-19
(R5)
鼓风机继电器
{HEATER} SB(A)

G03

0740-201A
气候控制单元

0740-201B
气候控制单元

连接器代码

前缀字母表示应用连接器的系统

F：熔丝盒连接器
J：接线盒/接线盒连接器
C：共用连接器
G：接地点连接器
D：数据线连接器
0112：冷却系统连接器
0114：燃油系统连接器
0113：进气系统连接器
0117：充电系统连接器
0118：点火系统连接器
0119：启动系统连接器
0120：巡航控制系统连接器
0140：发动机控制系统连接器
0212：车轮与轮胎连接器
0318：四轮驱动连接器
0413：防抱死制动系统连接器
0414：牵引力控制系统连接器
0145：动态稳定控制连接器
0148：动态稳定控制连接器
0513：自动变速器连接器
0514：自动变速器换挡机构连接器
0517：自动变速器连接器
0518：自动变速器换挡机构连接器
0613：电动助力转向系统（EPS）连接器
0614：动力转向装置连接器
0740：暖风、通风与空调（HVAC）控制系统连接器
0810：安全气囊系统连接器
0811：座椅安全带连接器
0912：玻璃/车窗/后视镜连接器
0913：座椅连接器
0914：门锁安全系统连接器
0915：天窗连接器
0916：外饰连接器
0918：照明系统连接器
0919：雨刮器/洗涤器系统连接器
0920：娱乐系统连接器
0921：动力系统
0922：仪表/驾驶员信息连接器
0940：控制系统

未使用：

BR(EM)
屏蔽线
0140-23
0140-24 爆燃传感器

表明屏蔽线

屏蔽线：
保护信号免受电气干扰
导线用金属网包裹接地

图3-12 马自达车系电路识读方法（一）

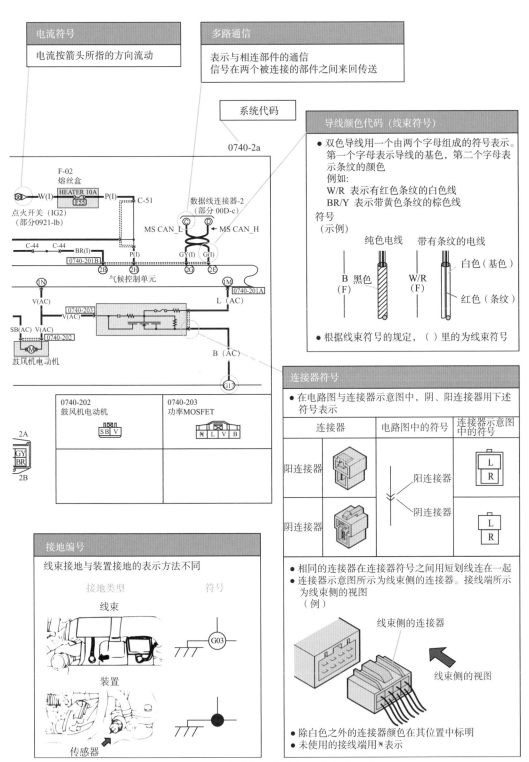

图 3-13　马自达车系电路识读方法（二）

马自达昂克赛拉轿车天窗控制电路如图3-14所示。

1 系统供电

蓄电池通过F-04主熔丝盒中的主熔丝→F-01继电器熔丝盒中的CABIN+B熔丝→F-02熔丝盒中的天窗熔丝，向天窗电动机和天窗开关供电。当点火开关打开（IG继电器供电），天窗电动机连接器0915-101的端子E收到IG信号时，使用天窗开关可操作天窗。

2 上倾操作

①当用天窗开关执行上倾操作时，CPU将收到上倾信号。

②当CPU收到一个上倾信号时，将打开2号继电器。

③当打开2号继电器时，天窗电动机启动上倾动作。

④天窗电动机启动后经过约1s，CPU的计时控制将自动关闭2号天窗继电器，停止上倾动作。

3 打开操作

①当用天窗开关执行打开天窗的操作时，CPU将收到天窗开启信号。

②当CPU收到天窗开启信号时，将打开1号继电器。

③当打开1号继电器时，天窗电动机启动开启动作。

4 关闭操作（玻璃板打开）

①当用天窗开关执行关闭天窗的操作时，CPU将收到天窗关闭信号。

②当CPU收到天窗关闭信号时，将打开2号继电器。

③当打开2号继电器时，天窗电动机启动关闭动作。

5 关闭操作（玻璃板上倾）

①当用天窗开关执行关闭天窗的操作时，CPU将收到天窗关闭信号。

②当CPU收到天窗关闭信号时，将打开1号继电器。

③当打开1号继电器时，天窗电动机启动关闭动作。

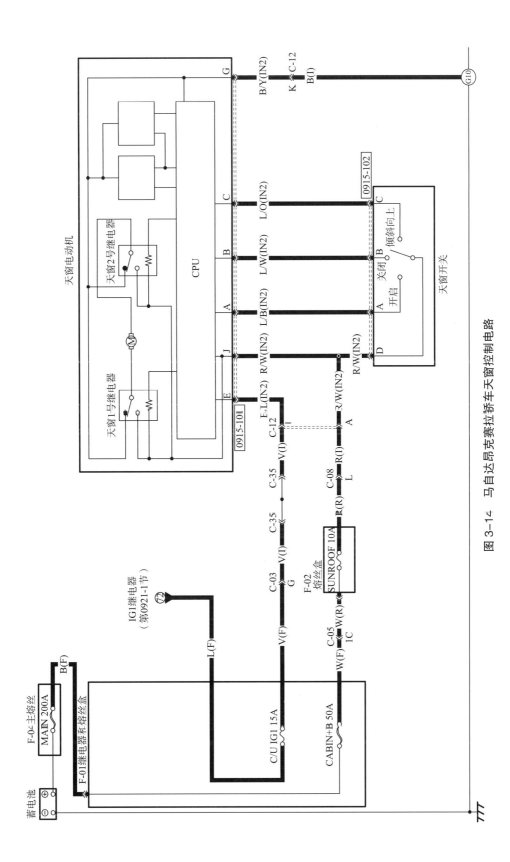

图3-14 马自达昂克赛拉轿车天窗控制电路

第六节 三菱车系电路识图

一 电路导线颜色代码

三菱车系通过表3-18所示的导线颜色代码对电路线色进行区别。

表3-18 三菱车系电路导线颜色代码

代码	线色	代码	线色	代码	线色
B	黑色	LG	浅绿色	SB	天蓝色
BR	棕色	O	橙色	SI	银色
G	绿色	P	粉红色	V	紫罗兰色
GR	灰色	PU	紫色	W	白色
L	蓝色	R	红色	Y	黄色

三菱车系的电路导线标注及含义如图3-15所示。如果一条导线有两种颜色，则两个颜色代码符号中，第一个表示主色（导线外皮的颜色），第二个则表示标记颜色。

示例：

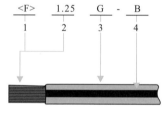

编号	含义
1	\<F\>：软线
	\<T\>：绞合线
2	导线尺寸（mm²）
3	主色（导线外皮的颜色）
4	标记颜色

图3-15 三菱车系电路导线标注及含义

二 电路缩写符号及含义

三菱车系电路图中使用的缩写符号及含义如表3-19所示。

表 3-19　缩写符号及含义

缩写符号	含义	缩写符号	含义	缩写符号	含义
ABS	防抱死制动系统	GND	接地	ILL	照明灯
ASC	主动稳定控制系统	HI	高	IND	指示灯
AFS	自适应前部灯光系统	IC	集成电路	LH	左侧
CAN	控制器区域网络	IG	点火	LIN	局域互联网络
CVT	无级变速器	ETACS	电子时间和警报控制系统	LO	低
A/C	空调	INVECS	智能创新车辆电子控制系统	RH	右侧
ACC	附件	J/C	接线插接器	WCM	无线控制模块
CPU	中央处理单元	KOS	无钥匙操作系统		
ECU	电控装置	SRS	辅助乘员保护系统		

三　电路识读方法

三菱车系电路识读方法如图 3-16 所示。电路图给出了每个系统易熔线与接地之间的电路。电源显示在顶部，接地显示在底部，以方便理解电流的流向。

四　电路识读示例

三菱 4B12 发动机点火系统电路如图 3-17 所示。该系统装配有 4 个点火线圈，点火线圈内有用于各气缸的嵌入式功率晶体管。

打开点火开关或启动发动机时，发动机 ECU 通过插接器 B-09 的端子 73 产生低电位信号，使发动机控制继电器闭合，从而向各缸点火线圈的端子 3 供电。

中断点火线圈一级侧的主电流将会在点火线圈的二级侧产生一个高电压。然后将产生的高电压提供给火花塞以产生电火花。发动机 ECU 交替打开和关闭点火线圈内的功率晶体管。这样可以使点火线圈内的主电流按 1-3-4-2 的顺序交替中断和流动以对气缸进行点火。

发动机 ECU 根据凸轮轴位置传感器和曲轴角度传感器的信号确定需要控制的点火线圈。它还对曲轴位置进行检测，以提供与发动机工况相匹配的最适当的点火时间。

当发动机冷机或在高海拔地区运转时，点火正时将比提供的最佳值略有提前。此外，如果发生爆燃，则点火正时会逐渐延迟，直至爆燃停止。

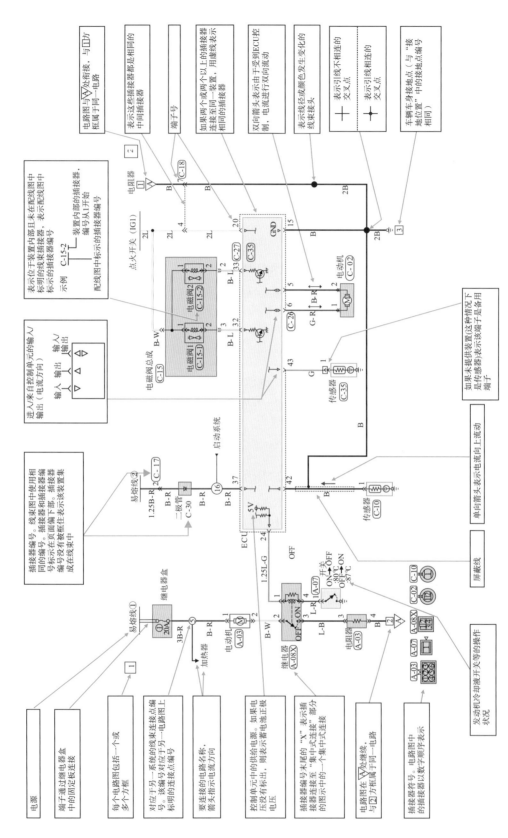

汽车电路识读入门图解

168

图3-16 三菱车系电路识读方法

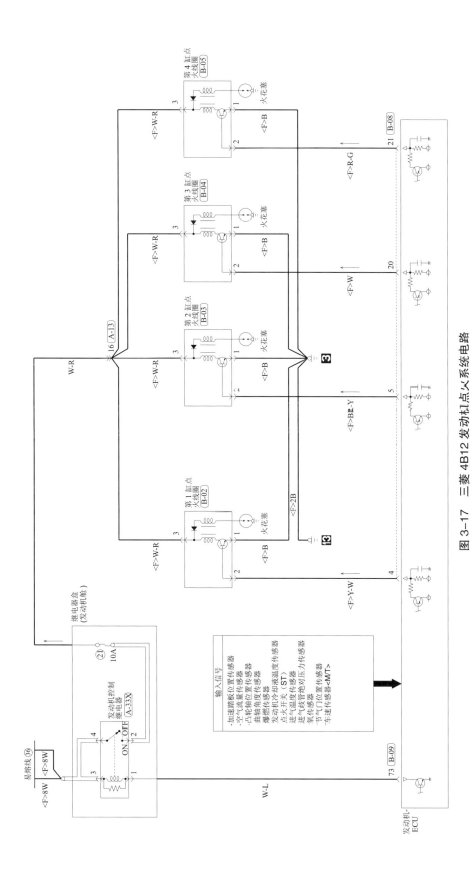

图 3-17　三菱 4B12 发动机点火系统电路

线束接头符号

电路图中大多数接头符号都表示为端口侧视图。如图3-18所示，端口侧视图的接头符号用单线框和方向标记共同表示，线束侧视图的接头符号用双线框和方向标记共同表示。某些系统和元件，特别是那些与OBD有关的元件可能会使用一种新型的滑片锁止式线束接头。

在电路图中，阳极（插头）端口的导向头用黑色表示，阴极（插座）端口的导向头用白色表示。如图3-19所示。

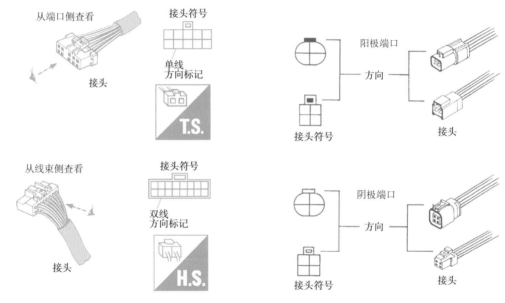

图 3-18　线束接头符号　　　　　图 3-19　插头与插座的表示方法

 可检测线路与不可检测线路

如图3-20所示，在某些电路图中，有两种线路，用粗细不同的两种线条来表示。

①标准宽度的线条（宽线）表示DTC（故障诊断码）可检测线路　DTC可检测线路是ECM可以通过车载诊断系统检测其故障的电路。

②较窄的线条（细线）表示DTC不可检测线路　DTC不可检测线路是ECM不能通过车载诊断系统检测其故障的电路。

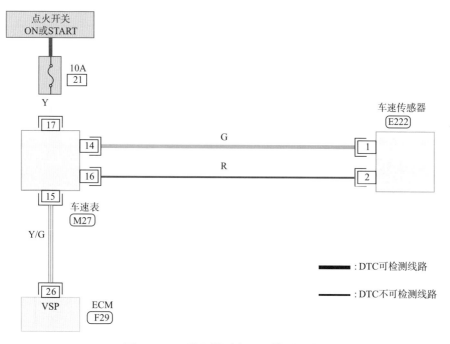

图 3-20　可检测线路与不可检测线路

三 发动机舱智能配电模块

发动机舱智能配电模块（IPDM E/R）将原本安装在发动机舱的继电器盒与熔丝装置集成在一起，它通过IPDM E/R电路控制集成继电器。IPDM E/R集成了控制电路执行继电器ON-OFF、CAN通信控制、油压开关信号接收等功能，它通过ECM、BCM和CAN通信线路控制每个电气零部件的操作。

IPDM E/R通过CAN通信从各个控制单元接收请求信号，然后控制各个系统。由IPDM E/R控制的系统如表3-20所示。

表 3-20　IPDM E/R 控制的系统

控制系统	传输控制单元	控制零部件
灯具控制	BCM	•前大灯（HI、LO） •尾灯、驻车和牌照灯 •前雾灯
雨刮器控制	BCM	•前雨刮器
后车窗除雾器控制	BCM	•后车窗除雾器
A/C压缩机控制	ECM	•A/C压缩机
冷却风扇控制	ECM	•冷却风扇

四 电路识读方法

日产车系汽车电路识读方法如图3-21所示，识读说明如表3-21所示。

171

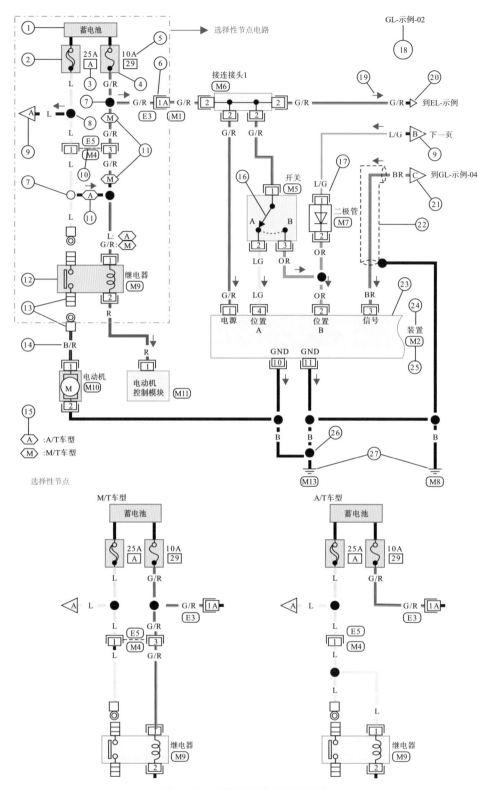

图 3-21　日产车系电路识读方法

表 3-21　日产车系电路识读说明

编号	项　目	说　明
①	电源情况	• 说明系统接收蓄电池正极电压时的情况（可工作）
②	熔断线	• 双线表示此处为熔断线 • 空心圈表示电流流入，黑点表示电流流出
③	熔断线/熔丝位置	• 表示熔断线或熔丝在熔断线或熔丝盒中的位置。其布置情况参阅维修手册PG章节的"电源电路"
④	熔丝	• 单线表示此处为熔丝 • 空心圈表示电流流入，黑点表示电流流出
⑤	额定电流	• 表示允许流过熔断线或熔丝的最大电流值
⑥	接头	• 表示接头 E3 是内空接头（插座），接头 M1 是接头 • G/R线位于两个接头的1A端口处 • 带字母的端口号（1A、5B 等）表示此接头是SMJ接头 参阅维修手册PG章节的"SMJ（超级多路连接器）"
⑦	选择性节点	• 空心圈表示此节点是可选的，可根据车辆用途决定是否选用
⑧	节点	• 黑点表示所有车型上都有这个节点
⑨	跨页	• 箭头表示电路连接到相邻页的电路图上 • A标记应与前面或后页的A标记对应
⑩	普通接头	• 端口间的虚线表示这些端口属于同一接头
⑪	选装缩写标记	• 表示此电路是可选的，可根据车辆用途决定是否选用
⑫	继电器	• 表示继电器的内部电路。有关详细说明，参阅维修手册PG章节的"标准继电器"
⑬	接头	• 表示用螺栓或螺母将接头连接到车身或端口上
⑭	导线颜色	• 导线的颜色代码 B=黑色　　BR=棕色　　W=白色　　OR 或 O=橙色 R=红色　　P=粉色　　G=绿色　　PU 或 V（紫）=紫色 L=蓝色　　GY 或 GR=灰色　Y=黄色　　3D=天蓝色 LG=浅绿色　CH=深棕色　　DG=深绿色 • 当导线有条纹时，则前面给出的是基色，后面给出的是条纹的颜色 　示例：L/W=蓝底白色条纹
⑮	选装说明	• 表示本页中出现的选装项目的说明

编号	项目	说明
⑯	开关	• 表示当开关在A位置时，端口1和2之间导通。当开关在B位置时，端口1和3之间导通
⑰	总成零件	• 元件中的接头端口表示它是一个带线束的总成
⑱	单元代码	• 根据章节、系统以及电路图页码的组合，来识别每一张电路图
⑲	电流箭头	• 箭头表示电流方向，特别是标准流向（垂直向下、或从左向右水平流动）难以确定的地方 • 双箭头"←→"表示根据电路工作情况，电流可以向任一方向流动
⑳	系统分支	• 表示此系统与另外一个由单元代码标识（部分和系统名称）的系统相连
㉑	跨页	• 箭头表示电路连接到另一页由单元代码标识的电路 • 标记C与系统内其他页（除前一页和后一页外）上的C标记相对应
㉒	屏蔽线	• 虚线包围的线路表示屏蔽线路
㉓	波浪线零部件框	• 表示此零部件的另外部分出现在本系统内的其他页上（用波浪线表示）
㉔	元件名称	• 表示元件名称
㉕	接头编号	• 表示接头编号 • 字母表示接头所在的线束 示例：M-主线束。有关接头的详细资料和位置，参阅维修手册PG章节"主线束"的"线束布置"，为了在复杂的线束中能定位接头，包含有坐标网络
㉖	接地连接点	• 在导线颜色下面的连接表示接地线在此接头处连接
㉗	接地（GND）	• 表示接地。关于详细的接地分配信息，参阅维修手册PG章节中的"接地分配"

五 电路识读示例

日产天籁轿车的行李厢盖开启器电路如图3-22所示。

蓄电池通过50A熔断线M和熔丝盒中的17号熔丝向车身控制模块（BCM）提供常电，并由BCM控制行李厢盖开启器的运行情况。

按下驾驶室内的行李厢盖开启开关时，开关闭合，与接地点相通。BCM通过端子30检测到低电位请求信号，BCM通过端子68向行李厢盖开启执行器发出开锁指令，解锁行李厢盖。打开行李厢盖时，行李厢灯开关将向BCM发送行李厢盖开启信号，以点亮行李厢照明灯。

汽车电路识读入门全图解

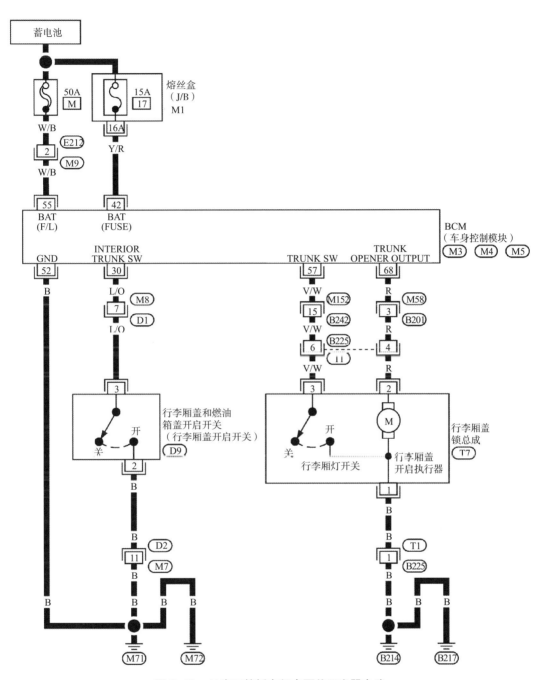

图 3-22　日产天籁轿车行李厢盖开启器电路

电路导线颜色代码

通用别克/雪佛兰车系电路导线的颜色代码如表3-22所示。如果导线是双色的，则用两种颜色的英文缩写共同标记：左侧的为主色，右侧的为条纹色，中间用斜线分开。

表3-22　通用别克/雪佛兰车系电路导线颜色代码

导线颜色	图标上的缩写	导线颜色	图标上的缩写	导线颜色	图标上的缩写
红色	RD	黄色	YE	蓝色	BU
绿色	GN	橙色	OG	紫色	VT
灰色	GY	棕色	BN	黑色	BK
白色	WH	粉色	PK	红/白色	RD/WH
红/黑色	RD/BK	红/黄色	RD/YE	红/蓝色	RD/BU
红/棕色	RD/BN	棕/白色	BN/WH	棕/黄色	BN/YE
棕/红色	BN/RD	棕/黑色	BN/BK	绿/白色	GN/WH
绿/黑色	GN/BK	黑/棕色	BK/BN	黑/白色	BK/WH
黑/黄色	BK/YE	蓝/黑色	BU/BK	蓝/黄色	BU/YE
紫/白色	VT/WH	紫/黑色	VT/BK		

 特别提示符号

通用车系电路图中有些特殊符号，与其他车系相比是很不相同的，如防静电标识和OBD II标识，但大部分符号类似。这些特别提示符号及含义如表3-23所示。

表3-23　电路特别提示符号及含义

符　号	说　明
 ▲	对静电放电敏感（ESD）图标。本图标用于提醒技术人员，该系统含有对静电放电敏感的部件，在维修前需要特别注意
 ▲	附加充气式保护装置（SIR）或附加保护系统（SRS）图标。本图标用于提醒技术人员，该系统含有附加充气式保护装置部件，在维修前需要特别注意
 Ⅱ OBD II	车载诊断（OBD II）图标。本图标用于提醒技术人员，该电路对OBD II排放控制电路的操作十分重要。任一电路如果出现故障将导致故障指示灯（MIL）点亮，该电路就属于OBD II电路
 ⚠	重要注意事项图标。本图标用于提醒技术人员还有其他附加系统维修的信息

 电路符号说明

通用别克/雪佛兰车系电路符号及含义如表3-24所示。

表3-24　通用别克 / 雪佛兰车系电路符号及含义

符　号	说　明	符　号	说　明
	熔丝	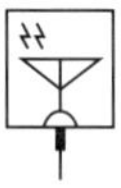	天线
	断路器		线圈
	可熔断连接	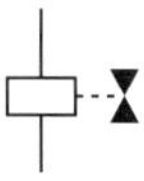	电磁阀
	固定在部件上的连接器	 G100	底盘接地
	引线连接器	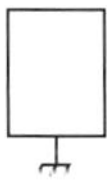	壳体接地
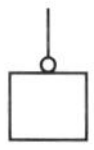	带螺栓连接孔的端子		单丝灯泡
 C100 12	直列线束连接器		双丝灯泡
 S100	接头		发光二极管
 P100	贯穿式密封圈		电容器
 M	电动机	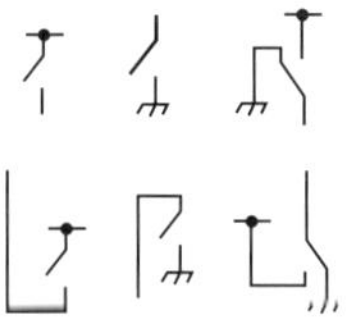	输入/输出开关
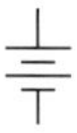	蓄电池		
	可调压蓄电池		二极管
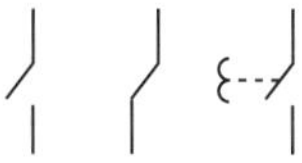	开关		晶体

符　号	说　明	符　号	说　明
	屏蔽		加热元件
	电阻		单极单掷继电器
	可变电阻器		
	位置传感器		单极双掷继电器
	输入/输出电阻器		

四　电气部件识别编号

在通用车系电路图中，所有搭铁、直列式连接器、穿线护环和星形连接器都有相应的识别编号，与其在车辆上的位置相对应。图3-23所示为别克乘用车识别编号分区图。表3-25则对编号系统进行了具体的分区说明。

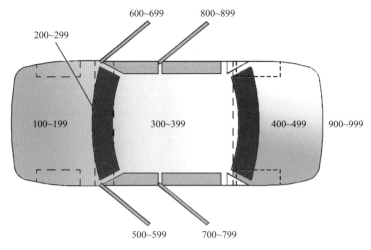

图 3-23　别克乘用车识别编号分区图

五　电路识读方法

通用车系新款车型电路识读方法如图3-24所示，识读说明如表3-26、表3-27所示。

汽车电路识读入门全图解

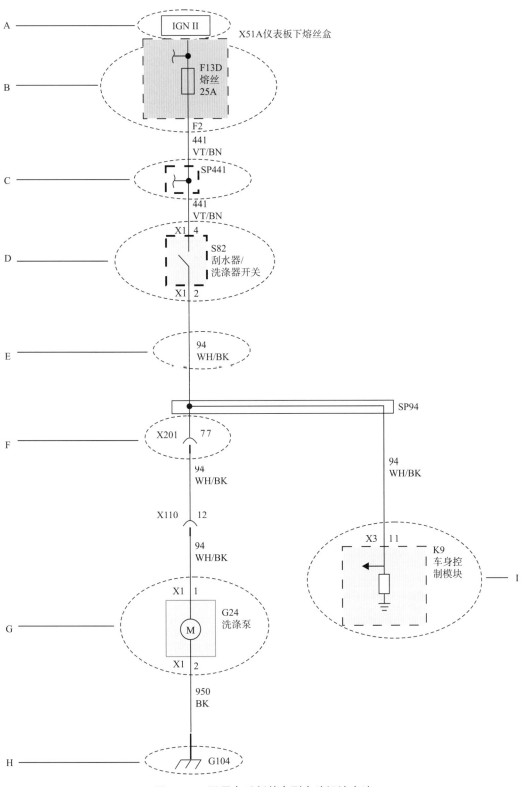

A

IGN II
X51A仪表板下熔丝盒

B
F13D
熔丝
25A

F2
441
VT/BN

C
SP441

441
VT/BN

X1 4

D
S82
刮水器/
洗涤器开关

X1 2

E
94
WH/BK

SP94

F
X201 77

94
WH/BK

94
WH/BK

X110 12

94
WH/BK

X3 11

G
X1 1

G24
洗涤泵

M

K9
车身控
制模块

I

X1 2

950
BK

H
G104

图 3-24　通用车系新款车型电路识读方法

第三章

汽车电路识图实践

表 3-25　识别编号分区说明

编 号	编号说明	编 号	编号说明
100~199	发动机机舱 - 仪表板前方的所有区域	600~699	右前车门内
200~299	仪表板区域内	700~799	左后车门内
300~399	乘客舱 - 从仪表板到后轮罩	800~899	右后车门内
400~499	行李厢 - 从后轮罩到车辆后端	900~999	行李厢盖或后掀门内
500~599	左前车门内		

注：001~099 为发动机机舱的备用编号，仅在 100~199 的所有编号已用完时才使用。

表 3-26　通用新款车型电路识读说明

序　号	说　明
A	电源类型：LOCK、ACC、ON、START 及常通电源（B+）
B	仪表板下熔丝盒含有各种继电器和熔丝。F2 表示 F 插接端子的 2 号端子。
C	合点
D	控制开关，图例表示电流从该元器件的由 4 号端子进，2 号端子出
E	导线标识，94 表示线路号为 94 的导线；WH/BK 表示带黑条的白色导线
F	不同线束之间的插接件端子代码，图例表示经过 X201 端子的 77 号端子
G	完整元器件
H	搭铁
I	控制模块，输出/输入电阻器

表 3-27　关于电源模式的说明

符　号	表示含义
B+	常电
IGN Ⅰ	点火钥匙仅在 ACC 挡时通电
IGN Ⅱ	点火钥匙仅在 ON 挡时通电
IGN Ⅰ/Ⅱ	点火钥匙仅在 ACC 和 ON 挡时通电
IGN Ⅲ	点火钥匙仅在 Start（启动）挡时通电
IGN Ⅱ/Ⅲ	点火钥匙仅在 ON 和 Start 挡时通电

六　电路识读示例

别克凯越轿车喇叭控制电路如图 3-25 所示。

汽车电路识读入门全图解

蓄电池正极电压始终向喇叭继电器线圈和喇叭继电器开关提供电源。按下喇叭开关向喇叭继电器控制电路提供搭铁。当喇叭继电器控制电路搭铁时，喇叭继电器通电，蓄电池正极电压通过喇叭控制电路施加到喇叭上。喇叭继电器控制电路搭铁多久，喇叭就会响多久。

　　此外，车身控制模块在以下任一情况下控制喇叭鸣响：当遥控门锁发射器上的防盗按钮被按下时；当安全防盗系统监测到车辆被侵入时；使用遥控门锁系统锁止车辆时，喇叭可能发出啁啾声来提醒驾驶员车辆已经锁止。提醒功能可根据个性化设置启用或停用。

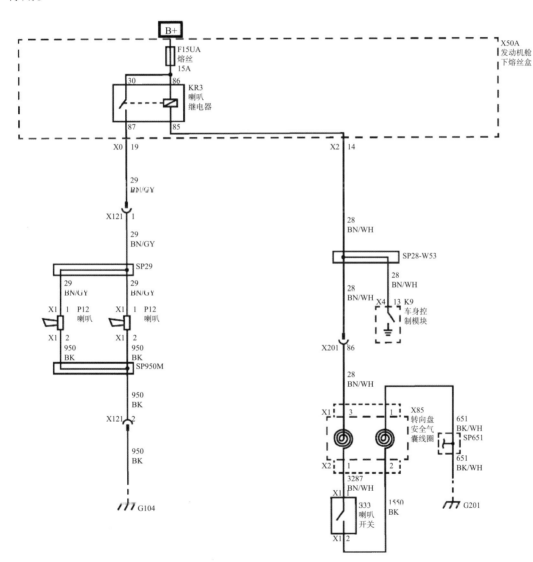

图 3-25　别克凯越轿车喇叭控制电路

第九节 福特车系电路识图

一 导线颜色与导线标识码

福特车系导线颜色代码如表3-28所示。

表3-28　福特汽车导线颜色代码

代码	颜色	代码	颜色	代码	颜色
BK	黑色	LG	浅绿色	VT	紫色
BN	褐色	OG	橙色	WH	白色
BU	蓝色	PK	粉色	YE	黄色
GN	绿色	RD	红色		
GY	灰色	SR	银色		

导线标识码由一基本色和识别色构成，能直接从电路编号上加以确认。在电路图中，导线颜色分别标示在导线之后。如表3-29所示，每一功能代码都有一基本色（底色）与其相对应，识别色是用一色条对同一组件连接器中具有同样功能的不同导线加以区分。

表3-29　导线功能代码与底色对应关系

编号	说　明	底色	编号	说　明	底色
1	音响正极信号	WH	32	开关在：蓄电池电压、接地或断路（加上：前下，开，后视镜向左，开锁，打开）之间	WH
2	音响负极信号	GY			
3	音响参考信号（回路/屏蔽）	BN	33	开关在：蓄电池电压，接地或开路（加上：前上，关，后视镜向右，锁，关闭）之间	YE
4	通信数据连接，总线正极	GY			
5	通信数据连接，总线负极	BU	34	开关在：蓄电池电压，接地或开路（加上：后上，开，后视镜向上，向前或模块设定）之间	BU
6	通信数据连接，总线屏蔽	NO			
7	常直流电，蓄电池以外	YE	35	开关在：蓄电池电压，接地或开路（加上：后下，后视镜向下，逆向或感应输出电压）之间	VT
8	传感器信号（X轴向，前方，上方）	WH			
9	传感器信号回路（参考/接地）	BN	48	放电线	NO
10	传感器信号（Y轴向，背向，下方）	GY	49	脉冲电源供给	BU
15	蓄电池电压，仅在Start和Run时供应	GN	50	蓄电池电压，仅在Start时供应	GY
20	蓄电池电压，仅在Run时供应	PK	59	交流电源	GY
29	蓄电池电压，所有状态均供应（第二保险）	OG	64	直流电压，仅在发动机Run时供应	BU
30	蓄电池电压，所有状态均供应（无保险和第一保险）	RD	75	蓄电池电压，仅在Run和Acc时供应	YE
31	接地	BK	91	接地	BK

汽车电路识读入门全图解

福特公司已采用一套全球统一的电路编号与导线标识系统，称为功能－系统连接法，或简称为FSC。FSC主要是为车辆的开发及生产而开发的，但它对维修技术人员在进行电路诊断时也有帮助。

如图3-26所示，前两位数指出了该线路的功能。本例中还有一个字母"S"，它表示了该导线具有一附加的开关功能。功能部分对维修技术人员在进行故障诊断时特别有用。功能码是在以前使用的某些DIN代码的基础上，增加一些新的数字用以表示其有过载保护的功能、传感器的功能、数据连接及特殊的电子控制模块功能。

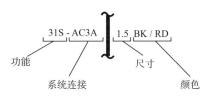

功能：31＝接地　S＝附加开关功能
系统：AC＝大灯调节
连接：3＝开关连接　A＝分线路
尺寸：1.5＝1.5mm²
颜色：BK＝基本色为黑色(功能31所决定)
　　　RD＝识别色为红色(红色色带)

图3-26　福特电路编号示例

系统连接：表示系统是与汽车的电路子集（分电路）相关联的。图中的"AC"表示大灯调节系统，其他电气系统代号如表3-30所示。

紧接系统代码后面的是该系统特殊的连接码，分电路识别码用以区别连接中有相同功能的不同导线。

表3-30　福特汽车电气系统代号

电源分配系统	执行系统	信息和警告系统	照明系统
DA：接点分配 DB：汇排液 DC：电路保护－蓄电池连接线盒（BJB） DD：电路保护－中央连接盒（CJB） DE：搭铁 DF：连接盒体 DG：回路保护－辅助熔丝盒 DH：分配－辅助熔丝盒 DJ：附件配置 DK：整体式部件	AA：车门锁和后行李厢盖（含免钥匙进入/全关闭） AD：电动后视镜 AG：电动天窗 AH：电动座椅 AJ：电动窗 AL：动力转向 AM：电动车门 **基本系统** BA：充电（含电流表/电压表） BB：启动	GA：量表-水平/压力/温度 GB：各种量表（含车速表/时钟） GC：指示灯-水平/压力/温度 GE：辅助警示/灯泡输出 GG：仪表板 GH：旅程计算机 GJ：喇叭 GK：卫星导航 GL：防盗 GM：声响警示（含蜂鸣器/警报器） GN：驻车辅助 GP：车辆紧急监测	LB：礼仪（手套箱/发动机盖/行李厢/地图/充电式闪光灯/化妆灯） LC：进入（含室内/地板/车门） LD：雾灯/雨/行驶 LE：加热（含隐藏式/暗光-变光/白昼行驶） LF：驻车/侧灯/牌照/间隙 LG：方向信号/转向/警示/制动/倒车 LH：开关照明 LK：仪表照明
	底盘系统 CC：乘坐悬架系统 CD：悬架（空气/自动调平） CF：动力转向（可变自动动力辅助） CF：防抱死/牵引力控制 CG：制动（发动机/排气/顶高点）	**热效系统** HA：辅助（含空气/滤清器/点烟器） HB：除冰（含后视镜/喷水器喷头/车窗） HC：加热式座椅	**娱乐和通信系统** MC：通信 MD：娱乐
数据总线系统 EA：ACP总线 EB：ACT总线 EC：CAN总线 ED：DCL总线 EE：ISO总线 EG：SCP总线		**乘客防护系统** JA：安全气囊	**特殊车辆（独特）** NA：救护车　NB：警车 NC：出租车　ND：拖车 **动力控制系统**
	恒温系统 FA：恒温1 FB：恒温2 FC：恒温，辅助加热	**雨刮洗涤系统** KA：刮水器/洗涤剂	PA：发动机控制（一般、冷却和额外调节） PG：车速和发动机转速

福特车系电路识读方法如图3-27~图3-29所示。

图3-27中所示各组件间的连接和实车是相符的，然而，图中所示组件及导线和实车是有差别的。例如，在电路图中，一条1m长的导线和一条几厘米长的导线是没有区别的。而且为帮助理解电路的工作原理，已经将复杂组件的内部电路进行了简化。

每一电路都独立而完整地在一章或一个单元中绘出。其他连接在该电路上的电气组件除非对该电路有影响，否则可能没有绘出。

①电流流通路径　通常情况下，每一电路的起点总是从如熔丝或点火开关等提供电源的组件开始，在福特车系的电路图中，电流流通路径是按从该页面顶部电源处到底部接地点的路线流动的。

②开关位置　在电路图中，所有开关、传感器及继电器等都处于其不工作状态，就像点火开关在OFF位置时一样。

③电路接合处　用箭头指示某接合处没有被完全绘出，完整的接合处所在页码已在索引中列出了。

④虚线方框　线路图中，窄的虚线方框表示该部分电路仅限某些特殊车型、某国使用或选配件，对该限制的备注标在图中方框旁。

⑤组件名称与标注　组件名称标注于该组件右侧，说明开关位置或工作条件的备注紧邻着它，如内部组件速度传感器（带车速控制）的说明也标注于此。

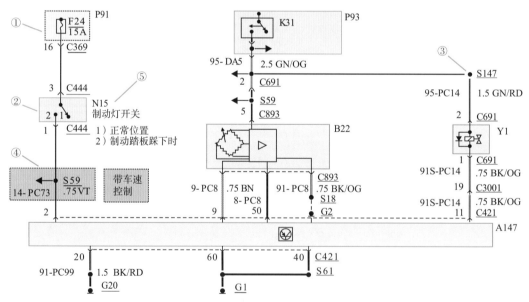

图3-27　福特车系电路识读方法（一）

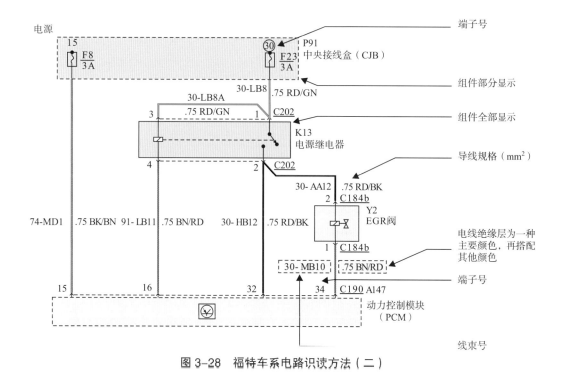

图 3-28 福特车系电路识读方法（二）

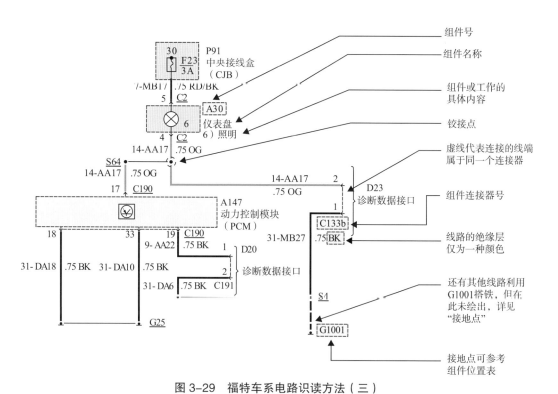

图 3-29 福特车系电路识读方法（三）

第十节 标致 / 雪铁龙车系电路识图

一 BSI、BSM 与点火开关

1 智能控制盒（BSI）

BSI 是智能控制盒、智能服务器的英文简写。BSI 包括由微型控制器组成的电路板的机械部分，以及实现以下功能的软件部分：不同的多路传输网络之间的网关功能；在线连接和多路传输连接之间的网关功能；诊断功能；接收来自传感器（如蒸发器温度传感器）的信息。

软件部分可以将 BSI 的启动进行初始化，控制各种功能的电控单元。BSI 控制的电器有电动雨刮器、车窗升降继电器、转向灯中央延时控制装置及各类照明装置。

对于采用 FULL CAN 系统的车辆，BSI 控制各个网络之间的连接包括 CAN I/S 网、CAN 舒适网、CAN 车身网。

标致 207 轿车 BSI 上的插接器和连接的线束如图 3-30 所示。BSI 是多路传输系统的心脏，提供与 BSI 相连的设备的供电及电力保护。为了实现保护功能，BSI 中装有熔丝，这些熔丝的供电来自蓄电池和点火开关。

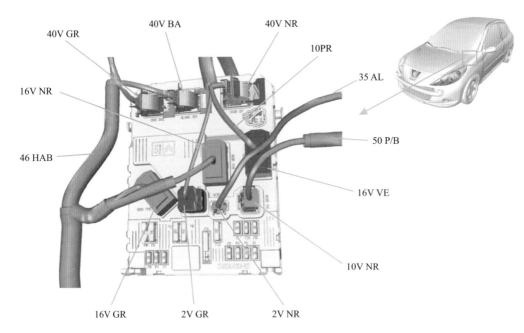

图 3-30　标致 207 轿车 BSI 上的插接器和连接的线束

汽车电路识读入门全图解

② 发动机舱服务控制盒（BSM）

发动机舱服务控制盒（BSM）内配置继电器、熔丝和大容量熔丝，通过发动机舱服务控制盒实现各个系统的供电和保护。

发动机舱服务控制盒由两个模块组成：模块1，内置大容量熔丝；模块2，内置电子控制系统、熔丝以及继电器。

发动机舱服务控制盒重要功能如下：发动机舱的供电分配；在发动机舱，它通过导线连接某些执行器并充当其动力控制开关；将电力传给座舱熔丝、BSI；在CAN车身网上进行通信。

雪铁龙凯旋轿车BSM的电力供应分配如图3-31所示。

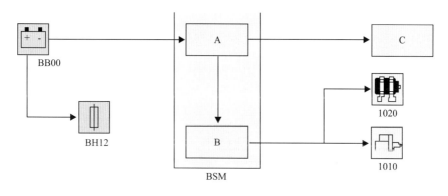

标　识	说　明
BSM	发动机舱服务控制盒
A	发动机舱服务控制盒模块1
B	发动机舱服务控制盒模块2
C	大容量熔丝MF1、MF2、MF3、MF4、MF5、MF6、MF7、MF8
BB00	Ubat
BH12	座舱盒
1010	起动机
1020	发电机

图3-31　雪铁龙凯旋轿车BSM的电力供应分配

如图3-32所示，发动机舱服务控制盒模块1的功能包括：通过主线束，由大容量熔丝向连接的部件提供+Ubat并加以保护；向模块2提供+Ubat电源。

③ 小电流防盗开关（点火开关）

在雪铁龙的车型上加入了一个新型的防盗开关（CA00），这个开关的特点就是通过二进制的方式传递状况信息。把它称为小电流防盗开关。

如图3-33所示，这个防盗开关通过电线束与智能服务器（BSI）连接，智能服务器通过了解钥匙的状态决定车辆电力状况。

小电流防盗开关有三个位置，此点火开关不再有附件位置（＋ACC），而是通过发动机舱服务控制盒（BSM）控制＋ACC。

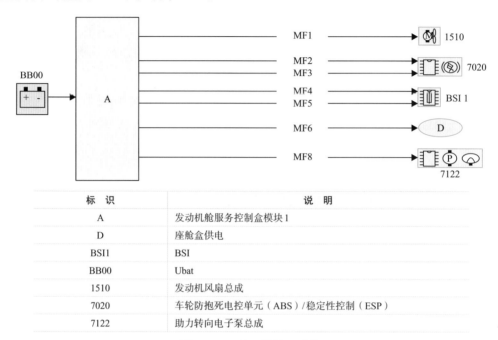

标 识	说 明
A	发动机舱服务控制盒模块1
D	座舱盒供电
BSI1	BSI
BB00	Ubat
1510	发动机风扇总成
7020	车轮防抱死电控单元（ABS）/稳定性控制（ESP）
7122	助力转向电子泵总成

图 3-32　BSM 模块 1 功能

点火开关位置	接通状况	启动信息	智能服务器的理解
停止	0	0	停止
接通	1	0	接通
启动	1	1	启动

图 3-33　CA00 与 BSM 的连接及挡位

VAN CAN网络与Full CAN网络

1　VAN CAN 网络

VAN CAN网络是标致/雪铁龙车系早期使用的多路传输系统。在 VAN 协议的发展中，PSA集团和雪铁龙公司首先在舒适和车身网络使用VAN协议，发动机、自动变速箱、ESP等电控系统则是采用CAN协议。BSI在 VAN 网和 CAN 网之间起连接和网关作用。标致206轿车的多路传输系统如图3-34所示。

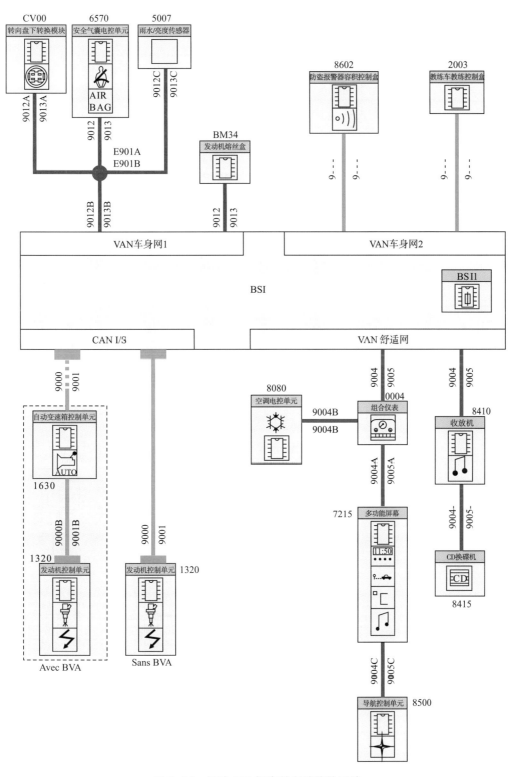

图 3-34　标致 206 轿车的多路传输系统

对于装备有VAN多路传输系统的标致车辆，是由BSI来执行供电管理的。由BSI管理VAN网络的供电称为+VAN，BSI通过+VAN供电来唤醒VAN总线或使VAN网络系统进入休眠状态。标致206轿车VAN网络系统的工作供电如图3-35所示。

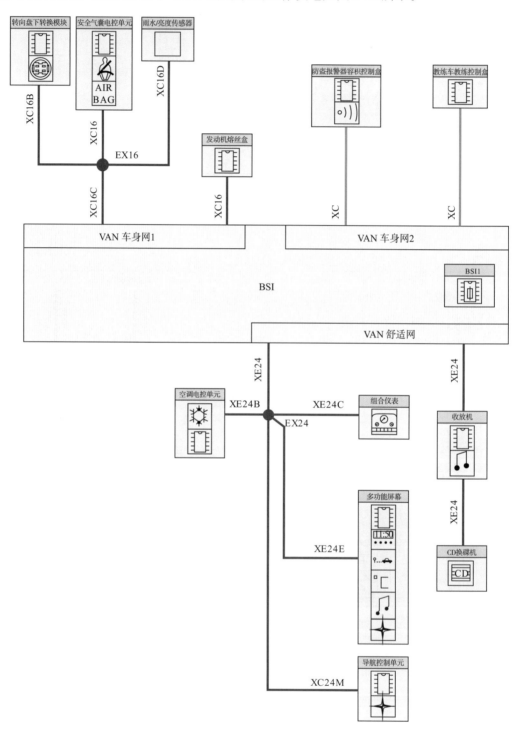

图 3-35 标致 206 轿车 VAN 网络系统的工作供电

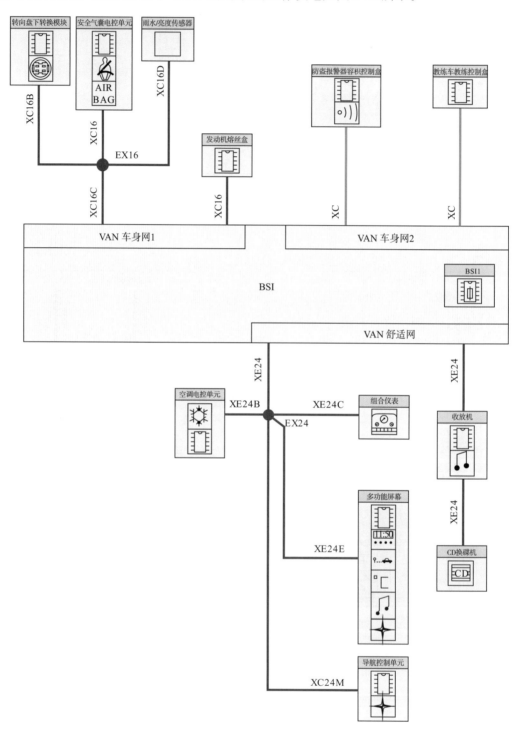

汽车电路识读入门全图解

2 Full CAN 网络

在标致/雪铁龙车系的后期车型中，采用全新的Full CAN（全CAN）电气结构，取代VAN/CAN并存的电气结构。

如图3-36所示，雪铁龙凯旋轿车的Full CAN网络由4个CAN网组成：CAN车身网、CAN舒适网、CAN I/S网、CAN高速诊断网。BSI在各个CAN网之间起网关作用。VAN车身网1和2合并成了一个CAN车身网。CAN舒适网由VAN舒适网演变而来，除了增加的EDP电控单元外，网络结构并没有重大变化。

CAN I/S网络连接动力系统总成的所有电控单元，如发动机电控单元、变速箱电控单元或者制动系统。发动机控制电控单元和BSI（智能服务器）是唯一拥有终端电阻的电控单元。为了保障网络通信，发动机控制电控单元和BSI必须时时处于网络连接状态。

CAN舒适网由BSI实现网络通信的管理及供电（＋CAN）。CAN舒适网中的电控单元各自拥有独立的传输电阻，根据配置由＋CAN、＋Ubat或者由来自BSM的+APC供电。

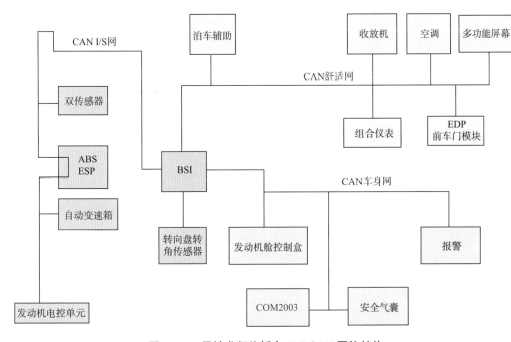

图3-36　雪铁龙凯旋轿车 Full CAN 网络结构

三 电气部件编码及导线标记

标致/雪铁龙车系的每一个电气部件都有一个参考号（非订购部件时的部件编号），这个就是电气部件编码。电气部件编码由4位数字组成，如4310（燃油表），前两位代表功能组，后两位用以识别零件。

对于指示灯，在电气部件编码的4位数字前加V，如V2610（近光警告灯）。车辆的电气部件按照功能分为8类，编码方法如表3-31所示。

表 3-31　电气部件编码方法及示例

系　　统	功能组	功能组说明	电气部件编码示例
动力单元 （1XXX）	10	启动、充电系统	1010起动机；1020发电机
	11	点火、预热系统	1115气缸相位传感器；1120爆燃传感器
	12	燃油系统	1210燃油泵；1215炭罐控制阀
	13	燃油喷射系统	1320发动机控制单元
	14	发动机诊断	1401制动助力器压力传感器
	15	冷却系统	1508冷却风扇低速继电器；1510冷却风扇
	16	变速箱、传动系统	1600挡位开关，1630自动变速箱控制单元
	17	发动机供电系统	1713节气门位置传感器
外部灯光和信号 （2XXX）	20	后雾灯	2000后雾灯开关；2005后雾灯继电器
	21	制动灯	2100制动灯开关；2111左后制动灯
	22	倒车灯	2200倒车灯开关；2210左倒车灯
	23	转向灯和危险警告灯	2300危险警告灯开关；2310转向灯开关
	24	行车灯和近光灯	2410近光灯继电器
	25	喇叭	2500喇叭开关；2520喇叭
	26	大灯、尾灯、位置灯	2606远光继电器；2633右牌照灯
驾驶室内灯光 （3XXX）	30	室内灯光	3010前顶灯；3020后顶灯
	31	关闭区域的灯光	3100行李厢开关；3121发动机舱照明灯
驾驶员信息 （4XXX）	40	发动机冷却系统信息	4005冷却液温度传感器；4026水温表
	41	机油信息	4103机油温度传感器；4104机油压力传感器
	42	发动机转速和进气信息	4210转速表；4240进气压力传感器
	43	燃油信息	4310燃油表；4340油耗计算机
	44	制动信息	4400驻车制动开关；4410制动液液面开关
	45	悬架信息	4500悬架高度调整液面开关
	46	变速箱信息	4605挡位显示；4610变速箱油温度传感器
	47	声音报警信息	4704发动机罩关闭开关；4715车门开启蜂鸣器
	48	发动机检查信息	4800三元催化温度传感器
清洗、雨刮系统 （5XXX）	50	前风窗雨刮	5001雨滴传感器；5005前雨刮继电器
	51	前风窗清洗	5100前风窗清洗泵；5110洗涤液液面传感器
	52	后风窗雨刷	5202后雨刮开关；5205后雨刮继电器
	53	后风窗清洗	5300后风窗清洗泵
	54	前照灯清洗	5405前照灯清洗泵；5406前照灯清洗开关
辅助装备（6XXX）	60	电动前车窗	6000左前门左车窗开关；6021车窗继电器
	61	电动后车窗	6100左后车窗后开关
	62	中控门锁系统	6202左前门锁总成；6216行李厢开启开关
	63	电动座椅	6300驾驶员座椅滑动开关；6302驾驶员座椅调整单元
	64	电动后视镜	6400驾驶员后视镜开关

汽车电路识读入门全图解

系　统	功能组	功能组说明	电气部件编码示例
驾驶辅助控制系统 （7XXX）	70	制动控制系统	7000 左前车轮传感器；7020 ABS控制单元
	71	可变助力转向	7105 可变助力转向控制单元；7122 助力转向电泵组
	72	仪表、行车控制单元	7210 仪表控制单元；7215 多功能屏幕
	75	接近（倒车）雷达	7500 驻车辅助控制单元；7512 右后传感器
驾驶舒适性装备 （8XXX）	80	空调系统	8006 蒸发器温度传感器；8020 空调压缩机
	81	加热装置	8100 前点烟器；8120 后风窗玻璃加热
	82	防盗启动	8208 防盗启动控制单元；8209 应答器线圈
	84	收音机	8410 收放机；8415 CD换碟机

其他电气部件的特殊编号和导线标记如表3-32所示。

表 3-32　特殊编号和导线标记

编号 / 标记	说　明
位置划分编号	M　　　II　　　C
供电部件的特殊编号	BB00：蓄电池 CA00：点火开关 BF00：熔丝盒 BSM：发动机舱服务控制盒 PSF1：熔丝板-发动机室熔丝盒 BSI：智能控制盒
诊断接头	在数字前加字母C 如C001：诊断接头
接地	M后跟3个数字，如果数字相同指接地点一致，利用另外的一个字母以区分
导线的标记	在熔丝前供电　　　　　　　　　　　　在熔丝后供电 BB：连接蓄电池的导线　　　　　　　B：蓄电池 AA：附件　　　　　　　　　　　　　C：点火开关 LL：发电机　　　　　　　　　　　　A：附件 CC：点火开关　　　　　　　　　　　如B12：供电类别B+，熔丝编 VV：侧灯　　　　　　　　　　　　　　　　　号12 如BB2：供电类别BB+，导线标记2
特别类型的导线标记	BM：熔丝后的蓄电池正极供电 M：接地 E：表示铰接点 XC：车身VAN网电源线 XE：舒适VAN网电源线
多路传输数据线的编号	9000：CANH线　9001：CANL线　9002：VAN数据A线　9003：VAN数据B线

第三章　汽车电路识图实践

标致/雪铁龙车系电路识读方法如图3-37和图3-38所示，识读说明如表3-33所示。

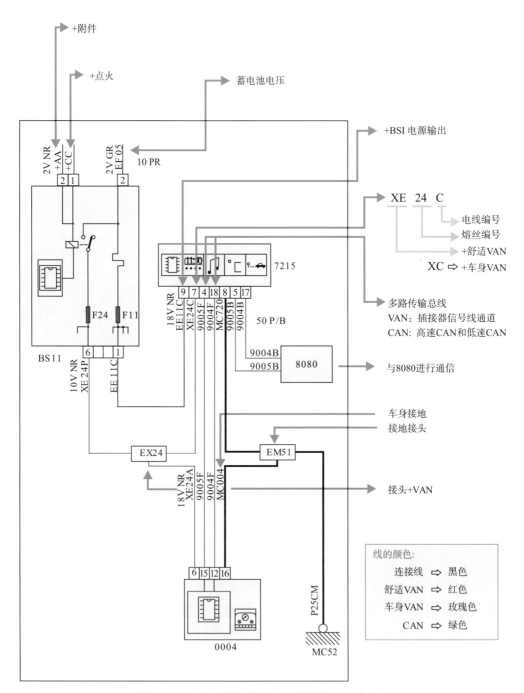

图 3-37　标致 / 雪铁龙车系电路识读方法（一）

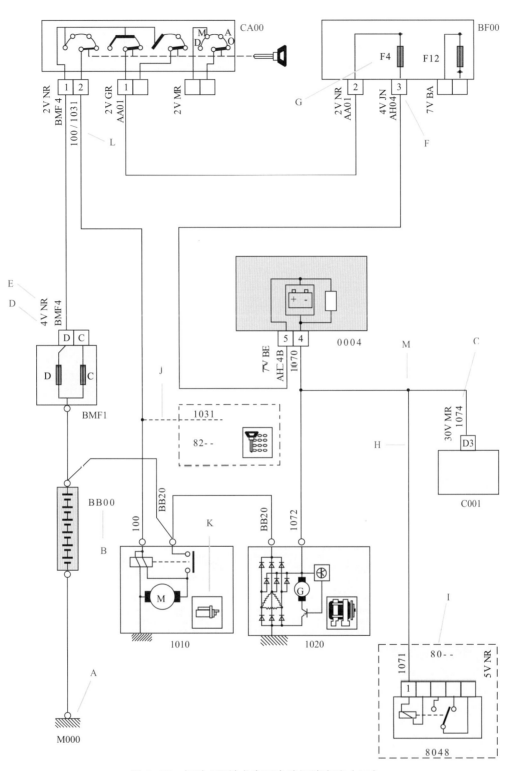

図 3-38　标致 / 雪铁龙车系电路识读方法（二）

表 3-33　标致 / 雪铁龙车系电路识读说明

标记	含 义	示 例
A	接地点	M000：蓄电池接地　MM：发动机接地　MC：车身接地　ME：电子设备接地
B	电器编号	BB00—电池 Ex: 43 10　类型代号　功能代号
C	导线编号	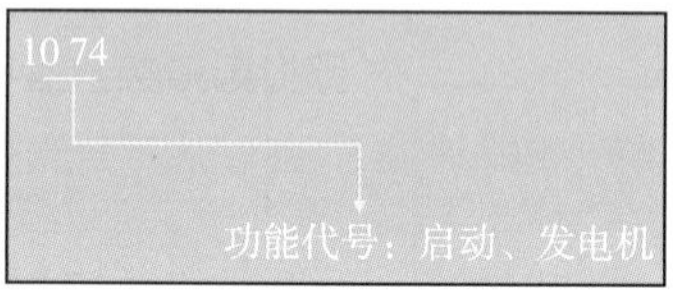 10 74　功能代号：启动、发电机
D	插接器上端子数目	4V：四端子插接器
E	插接器及导线的颜色	BA：白色　　OR：橘黄色 NR：黑色　　RG：红色 BE：蓝色　　RS：褐色 BG：驼色　　VE：绿色 GR：灰色　　VI：紫色 JN：黄色　　VJ：绿/黄色 MR：栗色
F	插接器的端	3：插接器4VJN的第3个端子
G	熔丝编号	F4：BF00（驾驶室熔丝盒）的4号熔丝
H	同一信号被另一个功能使用	1074导线上的信息同时被8048（空调）所使用
I	共用同一信号的另一功能元件的编码	80--：空调/制冷
J	不同车型选装设备的连接电线	1031导线上的信息同时被82--（防盗启动）所使用
K	电气设备图示	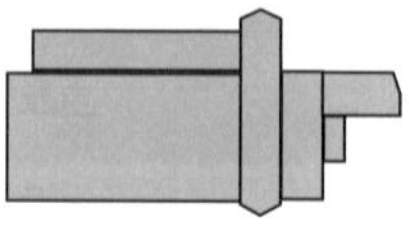 起动机 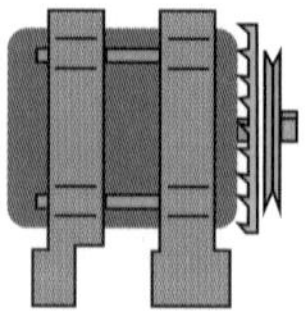　　发电机
L	同一线路上的铰接线	点火开关CA00一个插接器的2号通道上连接了两根线：100和1031
M	铰接点	导线1071和导线1074的连接点

第十一节 沃尔沃车系电路识图

一 电路导线颜色代码

沃尔沃车系电路导线颜色代码如表3-34所示。如果导线是双色的，则用两种颜色的英文缩写共同标记：前面为主色，后面为条纹色，中间用"-"分开。如"GN-BN"表示导线颜色为绿棕色。

表3-34 沃尔沃车系电路导线颜色代码

代码	颜色	代码	颜色	代码	颜色	代码	颜色
BK、SB	黑色	GY、GR	灰色	PK、P	粉红色	YE、Y	黄色
BN	棕色	LGN	浅绿色	RD、R	红色		
BU、BL	蓝色	NL	天然色	VT、VO	淡紫色		
GN	绿色	OG、OR	橘色	WH、W	白色		

二 零件类型编号

沃尔沃车系电路图中的零件名称由零件类型编号和系列号组成，例如3/x表示开关，6/x表示电动机等。零件类型编号如表3-35所示。

表3-35 零件类型编号

零件编号	名 称	零件编号	名 称	零件编号	名 称
1	蓄电池	8	作动器（执行器）	18	接触线盘
2	继电器	9	电热元件	19	仪表
3	开关	10	灯	20	点火组件/分流器
4	控制模块	11	熔丝	27	光学
5	组合仪表板模块	15	配电轨/配电盒	31	接地
6	电动机	16	音响	73	分线点（连接点）
7	传感器	17	维护/故障诊断	74	接头（连接器）

三 电路识读方法

在了解了沃尔沃车系电路图中的零件类型编号后，来学习该车系电路图的识读法。沃尔沃车系电路识读方法如图3-39所示，识读说明如表3-36和表3-37所示。

第三章 汽车电路识图实践

197

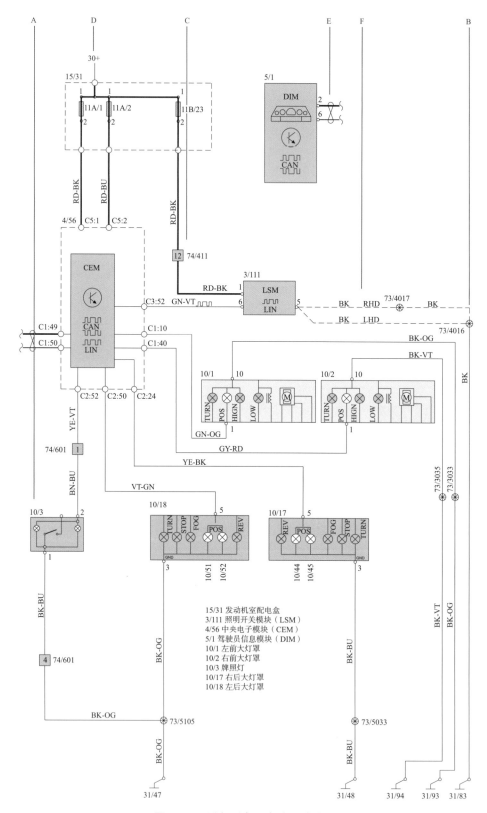

图 3-39　沃尔沃车系电路识读方法

汽车电路识读入门全图解

表 3-36　沃尔沃车系电路识读说明

标注/符号	说　明
A	零件名称： 每一个零件都有一个零件名称，该名称由两组号码所组成 第一组号码为型号，表示零件类型，例如 3/x（开关类型） 第二组号码为系列号，例如 x/2 两组合在一起构成零件名称，例如 3/2（照明开关）
B	分线点：电路图由具有编号的分线点组成，例如 73/5035
C	接头：接头可连接两条电缆
D	电力分配：包括熔丝及继电器
E	数据通信：目前的汽车都有 CAN、LIN 与 MOST 网络来传输信息。这些网络的连接在各电路图中并未完整显示
F	缩写：如 RHD 表示右座驾驶

表 3-37　符号说明

符　号	说　明	符　号	说　明
	经配线接地		LIN 通信
	在元件内/底盘接地		LIN 通信
	屏蔽电线		DIN 电缆，同轴电缆等
	分线点		数据通信
	绞扭线束		CAN 通信
	电气连接		MOST 通信
	变型		MOST 通信
	CAN 通信		与配电盒相连接
	CAN 高数据信号（CAN H）		转接至
	CAN 低数据信号（CAN L）		电线束之间的接头 零件内连接的接头

四　电路识读示例

沃尔沃 XC60 轿车雨水传感器电路如图 3-40 所示。蓄电池通过发动机室配电盒 15/31 中的熔丝 11A/1、11A/2 分别向中央电子模块 4/56 的端子 C5:1 和 C5:2 供电。

按下雨刮操作杆上的感应雨刮按钮时，转向盘模块 3/130 通过 LIN 网络向 CEM 发送请求信号。CEM 控制供电继电器闭合，通过熔丝 F6 向雨水传感器模块 7/149 的端子 3 供电。

RSM工作后，从端子1通过LIN网络向CEM发送雨水传感器信号。CEM收到信号后通过LIN网络向雨刮电动机模块6/1发送刮水指令，并根据雨量大小自动调整雨刷电动机的刮水速度。

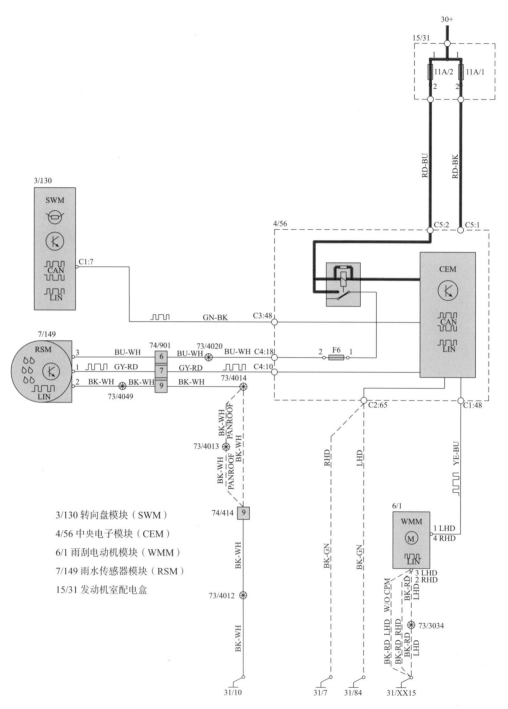

3/130 转向盘模块（SWM）
4/56 中央电子模块（CEM）
6/1 雨刮电动机模块（WMM）
7/149 雨水传感器模块（RSM）
15/31 发动机室配电盒

图 3-40　沃尔沃 XC60 轿车雨水传感器电路